Inteligências na prática educativa

EDITORA
intersaberes

Inteligências na prática educativa

Cybele Meyer

EDITORA intersaberes

Av. Vicente Machado, 317. 14º andar
Centro. CEP 80420-010. Curitiba. PR. Brasil
Fone: (41) 2103-7306
www.editoraintersaberes.com.br
editora@editoraintersaberes.com.br

- Conselho editorial
  Dr. Ivo José Both (presidente)
  Drª. Elena Godoy
  Dr. Nelson Luís Dias
  Dr. Ulf Gregor Baranow

- Editora-chefe
  Lindsay Azambuja

- Editor-assistente
  Ariadne Nunes Wenger

- Editor de arte
  Raphael Bernadelli

- Preparação de originais
  Pamela da Conceição

- Capa, projeto gráfico, diagramação e ilustração
  Mayra Yoshizawa

- Fotografias da capa
  Photos to Go
  Ingimage
  Stockbyte

- Iconografia
  Danielle Scholtz

Dados Internacionais de Catalogação na Publicação (CIP)
(Câmara Brasileira do Livro, SP, Brasil)

Meyer, Cybele
   Inteligências na prática educativa / Cybele Meyer. – 1. ed. – Curitiba: InterSaberes, 2012.

   Bibliografia.
   ISBN 978-85-8212-193-1

   1. Aprendizagem 2. Educação – Finalidades e objetivos 3. Inteligência 4. Pedagogia 5. Psicologia educacional 6. Professores – Formação I. Título.

12-08636   CDD-370.152

Índice para catálogo sistemático:
1. Inteligências múltiplas: Psicologia educacional 370.152

Foi feito o depósito legal.

1ª edição, 2012.

Informamos que é de inteira responsabilidade da autora a emissão de conceitos.

Nenhuma parte desta publicação poderá ser reproduzida por qualquer meio ou forma sem a prévia autorização da Editora InterSaberes.

A violação dos direitos autorais é crime estabelecido na Lei nº 9.610/1998 e punido pelo art. 184 do Código Penal.

Sumário

introdução 07

Apresentação 09

Uma realidade que muitos evitam enxergar 12

No começo era assim 18 ■ Estudos de Gardner 23 ■ Falando sobre os canais de comunicação 26 ■ Olhando para o próprio umbigo 28 ■ Conduzindo ao saber 31

Inteligências		Quando bebê	Na educação infantil	No fundamental 1	Na adolescência
Intrapessoal	40	42	44	48	50
Interpessoal	52	53	55	59	61
Corporal-cinestésica	64	69	72	73	75
Espacial	78	82	83	85	89
Linguística ou verbal	94	96	99	101	103
Musical	106	110	112	115	118
Naturalista	120	122	124	127	129
Lógico-matemática	132	134	137	139	142

Sou professor 144

referências 157

estudos de caso 163

sobre a autora 205

introdução

O conteúdo deste trabalho deve servir de fio condutor às reflexões, análises e discussões na área pedagógica, pois está diretamente ligado ao conhecimento das diferentes linguagens usadas para o exercício da pedagogia em sala de aula. Saber se comunicar consiste em falar a linguagem que o aluno entende e entender a linguagem que o aluno fala.

O conhecimento, o desenvolvimento dessa competência e a habilidade propiciarão ao professor levar o aluno a se desenvolver cognitivamente, socialmente, produtivamente e pessoalmente, tornando-se protagonista da sua aprendizagem.

O professor, ao se apropriar das diferentes formas de linguagens e ao desenvolver as inteligências múltiplas, estará apto a integrar as novas linguagens tecnológicas ao ambiente escolar, estreitando ainda mais o relacionamento com seus alunos.

A partir dessas perspectivas, espero oferecer caminhos e subsídios para auxiliar a todos que desejarem atuar com a prática pedagógica na reflexão e ns apropriação dessas linguagens, proporcionando uma comunicação de qualidade entre professor e aluno e vice-versa.

Essa relação dialógica tem como pano de fundo as inteligências múltiplas do psicólogo Howard Gardner, e fomenta a expectativa da descoberta, pelo profissional de educação, de novos caminhos e novos sentimentos que contribuirão para a melhoria do ensino, promovendo uma educação de qualidade para todos.

Apresentação

As abordagens propostas neste livro devem servir de apoio e consulta frequentes aos profissionais da área de educação que pretendem aprimorar seus saberes, de modo a possibilitar a identificação das múltiplas inteligências no comportamento dos alunos, favorecendo a relação dialógica existente entre professores e alunos.

Estabelecemos, no **capítulo 1** desta obra, uma reflexão diante das incertezas que assolam muitos professores em razão dos avanços tecnológicos e da apropriação dos recursos digitais pela educação, as quais têm de que abandonar velhos conceitos e comportamentos arcaicos. Falaremos sobre o desafio de uma **educação horizontalizada**, na qual a autonomia do aluno é priorizada pelo professor, que o leva a ser protagonista da sua aprendizagem para que desenvolva as competências relacionais, pessoais, cognitivas e produtivas, propiciando indivíduos criativos e autônomos.

No **capítulo 2**, ingressamos na inteligência **intrapessoal**, pois é muito importante conhecer a si mesmo, adquirindo embasamento e um olhar diferenciado para entender o outro. O professor que desenvolve a sua inteligência intrapessoal se torna hábil no estímulo e no desenvolvimento dessa inteligência nos seus alunos.

No **capítulo 3**, abordaremos a **inteligência interpessoal**. Esse tipo de inteligência deve ser estimulada, pelo professor, tanto em si mesmo como em seus alunos, pois o desenvolvimento dessa inteligência melhora consideravelmente a relação e a interação professor-aluno. Além disso, vivemos na "era da comunicação", em que a interpessoalidade é um quesito importantíssimo.

No **capítulo 4**, trataremos da **inteligência corporal-cinestésica**, considerada fundamental para a eficácia da comunicação, uma vez que o nosso corpo é o veículo de causa para que os canais de comunicação existam e para que todas as outras inteligências aconteçam. Se o professor estimular a inteligência corporal-cinestésica em si mesmo, obterá um excelente desempenho de comunicação e saberá como estimulá-la nos seus alunos. Quanto mais diversificados forem os estímulos, mais desenvolvida será essa inteligência.

A **inteligência espacial** é abordada no **capítulo 5**. Mostramos que tê-la bem desenvolvida propicia uma visão plena do indivíduo para consigo mesmo e em relação ao mundo a sua volta. O espaço é o primeiro lugar ocupado pelo ser humano assim que ele nasce. Estimular essa inteligência propicia o desenvolvimento da lateralidade, do senso de orientação, enfim, de uma visão holística.

No **capítulo 6**, enfocamos a **inteligência linguística ou verbal**. O professor normalmente tem essa inteligência muito aflorada e, por essa razão, deve se manter atento para não monopolizar o ambiente e inibir a manifestação oral dos alunos, que devem ter essa inteligência estimulada, pois, como consequência, será desenvolvida a argumentação, a interpretação e o embasamento, originando a discussão saudável e a formação de opinião.

A **inteligência musical**, tratada no **capítulo 7**, mostra a importância do seu estímulo para que se tenha harmonia, ritmo e melodia fundamentais para o desenvolvimento motor e cognitivo do indivíduo. O professor, ao estimular o desenvolvimento dessa inteligência em si mesmo, notará o quão importante é a sua potencialização e, consequentemente, estimulará os alunos, promovendo um desenvolvimento harmonioso e diferenciado.

Falar da **inteligência naturalista** é mais que pertinente, pois a relação homem-natureza sempre existiu, muito embora nem sempre tenha sido harmoniosa. Essa abordagem acontecerá no **capítulo 8**, e a sua importância será tratada de forma incisiva, uma vez que essa relação é uma questão de sobrevivência.

No **capítulo 9**, abordamos a **inteligência lógico-matemática**, que, assim como as demais, é de extrema importância, uma vez que interiorizamos e vivenciamos essa inteligência nas menores ações cotidianas. O professor, ao potencializar essa inteligência em si e nos alunos, estará propiciando um desempenho eficaz tanto seu quanto da classe.

Focamos, no **capítulo 10**, a atuação e o desempenho do professor em sala de aula e a sua relação com as **inteligências potencializadas**. Essa prática deverá fazer parte do dia a dia do professor, que acionará, também, a sua criatividade.

1

Uma realidade que muitos evitam enxergar

Há quem pergunte se a escola está com os dias contados. Hoje, a informação está em toda parte, em virtude dos recursos visuais e do avanço tecnológico, em especial com o advento do computador e, ainda mais, da internet, que possibilita o alcance de toda e qualquer informação necessária, a qualquer hora e em qualquer lugar em que exista um computador. A pergunta que integra o questionamento de muitos pais é: <u>**Uma vez que todos esses recursos estão ao alcance do aluno, o professor terá alguma função no processo de ensino-aprendizagem?**</u>

E o professor, como se sente diante desses questionamentos? Sente-se motivado para mostrar que seu papel é fundamental nesse processo, e que, embora não seja mais o detentor absoluto do conhecimento, é o responsável pela orientação de como o aluno fará uso de todas essas informações, tornando-se construtor da sua própria história? O professor se interessa em conhecer todos os recursos tecnológicos e aprender a fazer uso deles? Tem gosto pela leitura? Está bem informado e atualizado? Sabe de tudo o que acontece ao seu redor?

Muitos respondem <u>não</u> à maioria dessas perguntas. Infelizmente, essa é a relidade. Muitos professores não têm o hábito da leitura, não sabem manejar um computador e não se interessam em aprender,

Uma realidade que muitos evitam enxergar

não leem jornal, não se atualizam e ainda se surpreendem quando alguém vem cogitar a falência da instituição escolar.

O professor deve ter a consciência de que de nada vale para o aluno se apropriar de uma informação sem atrelá-la à utilidade. De que adianta o aluno ter acesso a uma enormidade de informações se não sabe o que poderá fazer com elas? Em que ocasião será oportuno utilizá-las? Que resultado poderá obter? E o que fará com o resultado?

É justamente em resposta a todas essas perguntas que entra a pessoa do professor. Sim, o professor, pois ele é fundamental para mediar o processo cognitivo do aluno.

Até o século passado, era somente na pessoa do professor que se concentravam as informações, pois ele tinha acesso a livros, mapas, cartas, jornais e revistas. Hoje, a internet possibilita que o sonho milenar do homem se torne realidade: agregar em um único local todo o conhecimento humano. Além de tornar realidade esse sonho, permite que o professor enriqueça sua aula, sanando, inclusive, suas próprias dúvidas.

No decorrer da minha caminhada como professora, já presenciei situações em que um professor de geografia, afirmando que o rio Tietê corta São Paulo, não soube responder ao aluno onde nascia esse rio. Ou mesmo a professora de literatura que, ao tratar de Machado de Assis e da obra Dom Casmurro, não sabia o significado da palavra casmurro, deixando o aluno sem resposta, e o que é pior, não se interessando em pesquisar. Sabemos que o professor não é obrigado a saber tudo, mas essas oportunidades são excelentes para que a aprendizagem aconteça, inclusive para o próprio professor. O interesse de um aluno não pode, jamais, ser deixado de lado.

E o professor que parou no tempo, não faz cursos, não lê, não pesquisa, não sabe sequer ligar um computador, restringindo-se apenas a seguir a apostila? Conseguirá ele enxergar a diversidade da sala de aula? Terá condições de conhecer as características de cada um dos seus alunos? Poderá ter uma comunicação eficaz despertando a curiosidade e motivando seus alunos à aprendizagem? Será que ainda existe o professor que "ensina" usando somente o giz e a lousa, com cópias intermináveis, cujo termômetro para detectar se o aluno aprendeu é a nota da prova?

O tempo em que o aluno era depósito de informações, como dizia Paulo Freire (1987), já passou. Hoje, o aluno tem de construir seu próprio conhecimento, principalmente porque esse conhecimento não é estático, pois sofre transformações, e o aluno não pode ser mantido como um mero observador. Ele tem que agir e interagir, estabelecendo relações com seus pares para que possa construir sua própria visão de mundo.

O professor tem o dever de despertar a paixão e a curiosidade em si mesmo para, assim, poder despertá-los em seu aluno, uma vez que como bem pontuam Gilberto Dimenstein e Rubem Alves (2008), é "motor da aprendizagem". Ainda segundo esses autores, a escola, em todo o seu percurso, não fez outra coisa a não ser "matar a ideia de paixão pela curiosidade" (Dimestein; Alves, 2008, p. 31).

Deve também possibilitar a partilha de conhecimentos e informações, propiciando que o aluno forme opiniões e conceitos próprios. A partilha proporciona a troca de opiniões, que serve de embasamento para que cada um construa o seu saber.

Esse saber tem de ter sua aplicabilidade focada para o tempo real, e não para uma aprendizagem estática, com o olhar para o futuro.

Uma realidade que muitos evitam enxergar

característica da didática educacional ainda vigente sem qualquer envolvimento com a realidade fora dos muros da escola, e sem qualquer significação para o aluno. Alves, que sofreu com esse tipo de didática afirma que "as coisas que me fascinavam, que provocavam minha curiosidade [...] não se encontravam na escola" (Dimenstein; Alves, 2008, p. 14).

Devemos nos lembrar de enxergar com o olhar de Freire (1996, p. 96), quando ele diz que "É preciso, indispensável mesmo, que o professor se ache repousado no saber de que a pedra fundamental é a curiosidade do ser humano." Nesse processo, o professor tem fundamental papel por ser o mediador dessa experiência e dessa busca. O educador tem que se empenhar ao máximo para conhecer e suprir as necessidades de seu aluno e obter, assim, um excelente nível de aprendizagem. Tem que ter em sala diferentes ações com focos diferenciados, propondo-se a ouvir e propiciando o falar e o debater, visando um abrangente desenvolvimento do aluno.

> Saber se comunicar consiste em falar a linguagem que o aluno entende e entender a linguagem que o aluno fala.

Esse é o principal objetivo de nos reunirmos no estudo deste livro, que deve servir de fio condutor às reflexões, às análises e às discussões na área pedagógica, pois está diretamente ligado ao conhecimento das diferentes linguagens usadas para o exercício da pedagogia em sala de aula. Saber se comunicar consiste em falar a linguagem que o aluno entende e entender a linguagem que o aluno fala. Para isso, iremos dispor de dicas para que o professor possa abrir seus canais e enxergar a diversidade que existe em sala de aula e, com isso, falar as diversas linguagens, propiciando o entendimento de todos os seus alunos. Nesse processo, o professor poderá aproveitar a diversidade social e cultural, na qual trabalhará essa fonte de conteúdo. Esse conteúdo se estenderá às crianças com necessidades especiais, que hoje são uma realidade nas salas de aula das escolas de todo o país.

Vale dizer que é preciso promover a transformação do que vem a ser o educar; <u>incentivar o aluno para que se torne pesquisador permanente</u>, pois somente assim poderá crescer diante da enxurrada de dados com os quais o indivíduo convive diariamente; e dar subsídios para que ele saiba discernir, entre todas as informações, o que é importante e o que é descartável; que saiba se posicionar diante da influência que a televisão e os meios de comunicação exercem sobre as pessoas, manipulando o "ter" em detrimento do "ser". É preciso que se leve o aluno a construir sua consciência de valores, para que ele possa sentir a responsabilidade de ser um indivíduo inteligente.

> Para se ter um país evoluído e um povo com condições igualitárias, é preciso investir na capacitação do professor.

A consciência de cidadania possibilita que o indivíduo se encontre não como objeto de direito, mas como protagonista desse direito, vivenciando situações de erro, de acerto e de aprendizagem.

O professor precisa estabelecer uma relação dialógica com seu aluno, equilibrando a prática com a afetividade, levando a educação a serviço da dignidade humana por meio da conscientização de valores e da construção da cidadania. Deve incentivar o aluno a ser um produtor de conhecimento, pois o conhecimento tem de ser desejado e não imposto. O aluno escolhe por aprender, e a escola tem de disponibilizar condições para que ele aprenda; afinal, o que motiva a aprendizagem é o interesse, e cabe ao professor trazer à tona e valorizar esse interesse.

É importantíssimo que se reformule o conceito de ensinar, pois, para se ter um país evoluído e um povo com condições igualitárias, é preciso investir na capacitação do professor, que será responsável pela promoção humana.

Com essas perspectivas, espero incentivar os professores à reflexão para que possam, a cada dia do exercício da sua profissão, optar por mudanças que venham possibilitar um melhor entrosamento entre aluno e professor e, com isso, promover a verdadeira aprendizagem.

No começo era assim

No início do século XX, no auge da *La Belle Époque*, Paris vivia um fervilhar cultural em razão dos encontros de grandes pintores e compositores, uma vez que acolhia artistas do mundo todo que ali chegavam e se estabeleciam para estudar as últimas tendências. Foi nessa época, mais precisamente em 1905, que um psicólogo e pedagogo, Alfred Binet (1857-1911), foi procurado por diretores e pais de estudantes que cursavam os grandes Liceus de Paris, para que desenvolvesse um critério de seleção a fim de avaliar os alunos que teriam melhor desempenho escolar.

Na verdade, esses diretores queriam elitizar suas instituições e, para preservar e destacar cada vez mais a boa fama de suas escolas, queriam que somente alunos inteligentes frequentassem os liceus.

Além disso, os pais queriam que seus filhos convivessem somente com bons alunos, e eram totalmente favoráveis à exclusão daqueles que não manifestassem bom desempenho.

Naquela época, o aluno que apresentasse dificuldades de aprendizagem era qualificado como "retardado". Nas décadas de 1960 e 1970, era comum o uso dessa qualificação entre os próprios colegas de escola, inclusive aqui no Brasil. Sempre que algum aluno não soubesse responder a alguma pergunta ou falasse algo fora do contexto, recebia esse tipo de qualificação. Nos dias de hoje, inclusive, há uma acepção para o termo *retardado*, no dicionário Aurélio: "aquele que tem desenvolvimento mental inferior ao índice normal" (Ferreira, 1993).

As matérias tidas como as mais importantes eram a linguagem e a matemática. Vem justamente dessa época a crendice de que quem é bom em linguagem não é bom em matemática, e vice-versa. Com base nesses dados, Binet elaborou testes nos quais a inteligência da criança seria avaliada cinquenta por cento em linguagem e cinquenta por cento em matemática. Aquele aluno que acertasse pelo menos metade das questões seria enquadrado como inteligência normal. O que porventura acertasse menos de 50%, era qualificado como retardado, e o que acertasse mais da metade recebia a qualificação de inteligência acima da média (Binet; Simon, 1929).

Paris, inclusive a da *Belle Époque*, sempre foi uma grande exportadora e ditadora de moda para todo o mundo. Todos esperavam ansiosos para saber quais eram as tendências da moda outono-inverno ou primavera-verão, inclusive os brasileiros. Mesmo com o clima tropical e nada semelhante ao clima europeu, seguíamos à risca as tendências ditadas pelos grandes estilistas franceses. Entre todo esse modismo exportado, está o famoso teste de QI.

Uma realidade que muitos evitam enxergar

Lançado por Binet e Simon (1929), esse teste mediador do quociente de inteligência foi exportado para muitos países, entre eles os Estados Unidos, onde, ao chegar, o teste não teve grande impacto. Mas, ao final da Primeira Guerra, em 1918, os norte-americanos começaram a usar o teste com o intuito de medir a inteligência de seus soldados. Howord Gardner (2000, p. 185) se manifesta sobre o assunto:

> *Nas décadas de vinte e trinta, os testes de inteligência haviam se instalado na sociedade americana e ganharam considerável notoriedade também em outros lugares, particularmente nos países de língua inglesa. [...] Embora muitos desses usos tivessem um bom motivo, e alguns fossem genuinamente úteis, os testes eram frequetemente utilizados de maneiras estigmatizantes, para rotular e posicionar pessoas, e fazer julgamentos sobre suas limitações.*

Nessa época, aqui no Brasil, houve, segundo Carlos Monarcha (2001, p. 15), uma movimentação onde:

> *inúmeros intelectuais envolvidos, diretamente ou não, com a educação escolar e movidos por convicções sociais, culturais e pessoais desempenharam o papel de experts em medidas e produziram inúmeros manuais de aplicação prática, entre outros: O movimento dos testes, de C.A. Baker (1925); Teste individual de inteligência, de Isaias Alves (1927); Os testes, de Medeiros e Albuquerque (1924). O método dos testes, de Manuel Bonfim (1028); Testes: como medir a inteligência dos escolares, de Cristina Faria Rocha e Bueno de Andrade (1931) e Testes ABC: para verificação da maturidade necessária à aprendizagem da leitura e escrita, de Lourenço Filho (1933), largamente difundido nas décadas seguintes, engendrando práticas de mensuração e expectativas de rendimento escolar entre o professorado paulista.*

O teste de QI começou a ser utilizado em inúmeras situações, como nos processos de contratação de emprego, para ingresso em algumas entidades ou associações diferenciadas, em concursos públicos e demais situações semelhantes. Por haver muitos pretextos para se medir o quociente de inteligência dos indivíduos foi, e é, muito aplicado por psicólogos e psiquiatras. Infelizmente.

Houve um fato curioso, em 1958 ocasião, em que a seleção brasileira de futebol teve seu primeiro psicólogo, chamado *João Carvalhaes*, o qual resolveu aplicar em todos os jogadores o teste de QI. Ocorre que o grande Garrincha, que estava no apogeu da sua carreira, após finalizar o teste, ficou sabendo que, pelo seu desempenho, seria classificado como "retardado mental". Com esse resultado, cogitaram eliminá-lo da Copa, mas agiram com bom senso e conservaram a participação de Garrincha, que contribuiu decisivamente para que o Brasil fosse campeão do mundo na Copa de 1958 (Jornal Replay, 2010). Nessa profissão, o que menos importava era saber se ele era bom em linguagem ou matemática, pois o que pesava realmente era o quão genial ele era no corporal-cinestésico e em noção espacial, embora naquela época essa consciência não existisse.

No apogeu dos testes de QI, havia pedagogos que se mantinham contrários a essa prática. Lev Vygostsky(1989) era um deles, pois enfatizava que os resultados obtidos mediante esses testes iam contra a sua teoria da zona proximal de desenvolvimento, que pregava a importância do mediador na aprendizagem.

Analisando essa afirmação, René Van Der Veer e Jean Valsiner (2001, p. 368) citam que Vygotsky ressaltou primeiro que o QI é um instrumento pouco preciso, um sintoma, uma indicação.

Uma realidade que muitos evitam enxergar

> *O problema é que não sabemos o que uma pontuação de QI indica e como foi a evolução daquilo que ela indica. Vygostky deu [...] um exemplo de fundo bastante pessoal: algumas tosses indicam gripe, outras denotam tuberculose! Seria errado, portanto, formular a lei geral de que tosses devem ser tratadas de uma determinada maneira. O mesmo se aplica a contagens de ponto de QI: elas refletem históricos muito diferentes.*

Ainda de acordo com Veer e Valsiner (2001, p. 369), Vygotsky:

> *considerava a medição da zona de desenvolvimento proximal como um meio de prever o desenvolvimento futuro do QI da criança[...] e sugeriu a medição de duas grandezas – desempenho independente e desempenho conjunto com ajuda – e afirmou que o desenvolvimento futuro do primeiro era totalmente determinado pelo último.*

Observando esse diálogo com o olhar de hoje, podemos perceber o quanto ele é importante, uma vez que valoriza a capacidade da criança em desenvolvimento, que ainda não está com sua competência plenamente desenvolvida para executar uma determinada ação, e que poderá tentar fazê-la por imitação, com o auxílio do mediador. Esse auxílio terá sido um estímulo ao seu desenvolvimento e apropriação, então a criança passará a executar, "no futuro", essa ação com total autonomia.

Com isso, fica claro que a ideia inicial de Binet de que não se pode começar a ensinar a criança se ela não apresentar um bom nível de desenvolvimento – e esse nível era medido por meio do teste de QI

– é rebatida por Vygotsky, quando este afirma que a mediação é fundamental para o estímulo desse desenvolvimento, que terá alicerces em sua teoria da zona proximal de desenvolvimento.

Já Jean Piaget trabalhou lado a lado com Theodor Simon, parceiro de Binet, momento em que se deixou envolver pela magia dos testes de QI. Contudo, ele ignorava os resultados e dava muita importância ao raciocínio desenvolvido pela criança até chegar a eles. Piaget desenvolveu grande parte da sua teoria sobre o conhecimento humano analisando os procedimentos e resultados obtidos pela criança por meio desses testes.

Estudos de Gardner

Foi então que Gardner, psicólogo e professor da *Harvard Gradiate School of Education*, indo além de uma visão unitária de inteligência, com um olhar pluralista, passou a estudar o desenvolvimento de diferentes habilidades: i) em crianças tidas como normais; ii) crianças que apresentavam algum tipo de dificuldade de aprendizagem; e iii) crianças tidas como superdotadas.

Também estudou crianças e adultos que apresentavam quadros em que algumas habilidades foram comprometidas e outras permaneceram intactas, consequência de algum tipo de lesão adquirida no decorrer de sua vida. Foi justamente estudando pessoas que Gardner comprovou que o cérebro é dividido por áreas e que cada área é responsável por uma atividade. Assim sendo, quando uma pessoa tinha uma área do cérebro lesionada, ficava privada de uma determinada habilidade, mas sem o comprometimento das demais.

Uma realidade que muitos evitam enxergar

Foi em razão desses estudos que o psicólogo dividiu o cérebro em áreas e nomeou como *inteligências* as habilidades que pertenciam à cada região. Embora essas inteligências sejam independentes e se localizem em pontos diferentes do cérebro, elas trabalham juntas. Assim ele pôde ver que a inteligência humana não se restringia somente às áreas de linguística e lógico-matemática. E foi com essa visão pluralista da mente que Gardner deu origem à teoria das **inteligências múltiplas.**

Essas inteligências são independentes umas das outras e possuem processos cognitivos próprios. Cada indivíduo recebe uma carga genética hereditária responsável diretamente e de modo personalizado ao grau de desempenho de cada inteligência. Tanto quanto a hereditariedade, outro fator importante no desenvolvimento de cada inteligência é a influência do meio e das condições ambientais em que vive o indivíduo. Essas inteligências podem interagir em diferentes formas de combinações. Elas são independentes, mas podem, e normalmente é assim que ocorre, atuar em parceria na solução de situações-problema.

O nome de Binet está ligado ao de precursor dos testes de QI, mas sabemos que muitos nomes, como Theodor Simon, William Stern, Lewis Terman, David Wechsler, Kevin Langdon, Bob Seitz e Hindemburg Melão Junior, entres outros, contribuíram para que o teste perdurasse e se aprimorasse durante décadas até os dias de hoje. Esses testes foram e são usados como requisito de seleção em grandes empresas como a Microsoft e a IBM. Atuam como seletivos em sociedades em que sua filiação depende do resultado obtido, como a Mega Society, que foi registrada no *Guinness Book* de 1990 como a sociedade de alto QI mais exclusiva do mundo, com corte teórico de 1 aprovado entre 1.000.000 de potenciais candidatos. Esses dados foram revistos por Bob Seitz e Hindemburg Melão Junior, que discordara dos números apresentados, alegando que estimativas mais otimistas são de 1 em 100.000.

Daniel Goleman (1996), autor do livro **Inteligência emocional**, instiga o leitor com a frase que coloca logo abaixo do título da capa: "Por que ela pode ser mais importante que o QI".

A princípio, alguns estudiosos entenderam que essa inteligência emocional surgiu em substituição ao QI. Mais tarde, deduziram que ela veio se somar à inteligência intelectual. Atualmente se chegou à conclusão de que o QI, combinado com o QE – quociente emocional, são dois importantes indicativos de desempenho do indivíduo.

Sobre isso, Goleman (1996, p. 60) afirma que:

> *As pessoas com prática emocional bem desenvolvida têm mais probabilidade de se sentirem satisfeitas e de serem eficientes em suas vidas, dominando os hábitos mentais que fomentam sua produtividade; as que não conseguem exercer nenhum controle sobre sua vida emocional travam batalhas internas que sabotam a capacidade de concentração no trabalho e de lucidez de pensamento.*

Sabemos que todo ser humano é equipado para ser inteligente. Os testes de QI de hoje têm como objetivo principal medir o potencial de cada um, de identificar quais as habilidades que o indivíduo tem mais afloradas e, com os resultados obtidos, pode, inclusive, orientá-lo quanto à profissão ou ao trabalho mais adequado.

Ocorre que o professor, convivendo diariamente com seus alunos, se tiver um olhar atento e pluralista, poderá identificar essas habilidades espontaneamente, ou seja, sem a aplicação de testes, usando a observação e tomando as inteligências múltiplas como apoio. O professor usará sua ferramenta mais potente e eficaz com a qual nenhum teste recheado de perguntas poderá competir: a afetividade.

Assim sendo, além de incentivar as habilidades natas, poderá também estimular aquelas menos potencializadas no aluno. Se esse tipo de procedimento ocorrer desde a educação infantil, com certeza teremos alunos com muito mais chances de sucesso, tanto na escola quanto na vida.

Falando sobre os canais de comunicação

Gardner (1993) também desenvolveu seus estudos apoiando-se nos testes de QI. Ele comparava os resultados obtidos ao desempenho diante de situações que envolveriam muito mais do que um papel e um lápis como meios de respostas.

Sobre a eficácia ou não dos testes de QI, o psicólogo afirmava:

> *Se você quer avaliar as disposições de uma criança, leve-a a um lugar rico de estímulos, como o Exploratório de São Francisco, nos Estados Unidos, ou a Cidade das Ciências de La Villette, em Paris. Para testar suas capacidades espaciais, deixe a criança achar seu caminho em Boston ou Paris. Eis aí métodos muito mais autênticos do que os testes.* (Gardner, 1993)

Ele vê o indivíduo como um ser "total", possuidor de uma pluralidade de inteligências, muito mais do que a linguística e a lógico-matemática. Vê no ser humano inteligências em que o seu "eu" é composto por diferentes combinações genéticas transmitidas por seus pais – que, por consequência, também receberam combinações genéticas de seus "pais", e assim sucessivamente – as quais lhe proporcionaram uma gama de habilidades diversas, umas em maior e outras em menor grau, mas todas fazendo parte do seu "eu". É um ser social que precisa viver em contato com os outros da mesma espécie e que utiliza diversos símbolos, expressando diversas linguagens para se comunicar. Há os que comunicam toda a sua sensibilidade por meio da música, outros por meio do desenho, do esporte, pela escrita ou, até mesmo, pelas fórmulas matemáticas.

O professor tem de que estar com seus canais abertos para se comunicar e para entender a comunicação que o aluno lhe transmite.

Temos três canais de comunicação: o visual, o auditivo e o cinestésico. Há estatísticas de que, quando nos **deparamos** (ver e ouvir) e **interagimos** com uma mesma situação, temos 70% de assimilação e, quando simplesmente **vemos** e **ouvimos**, sem interação, a porcentagem cai para 30% de assimilação. A essas estatísticas se aplica o princípio didático de que: **"Se escuto, esqueço. Se vejo, lembro. Se faço, aprendo."**

É certo que não temos os três canais desenvolvidos na mesma intensidade, mas com certeza usamos os três para reter informações e, consequentemente, evoluirmos cognitivamente.

Os que têm os canais cinestésicos mais desenvolvidos precisam **fazer** para aprender; os que têm os canais visuais mais desenvolvidos precisam **ver** para aprender; e os que têm os canais auditivos mais desenvolvidos precisam **ouvir** para aprender. Diante do exposto, vemos que o professor precisa se comunicar globalmente com os alunos para poder atingir cognitivamente a todos.

Uma realidade que muitos evitam enxergar

Contudo, não basta que o professor saiba preparar uma aula globalizada e não saiba a quem atingir. Por isso, é muito importante que ele tenha sempre um olhar atento e diferenciado para poder identificar quais são os alunos visuais, quais os auditivos e quais os cinestésicos. Esse tipo de conhecimento será de suma importância para a comunicação do professor, que poderá utilizar a linguagem ideal para cada aluno, abrindo caminhos para uma melhor identificação das múltiplas inteligências e para o desenvolvimento das inteligências que não estiverem desenvolvidas.

De posse desse recurso tão significativo, o professor poderá incentivar a autoconfiança e a autoestima do aluno para que consiga desenvolvê-las de forma natural. Poderá proporcionar formas diferentes de o aluno aprender, fazendo-o pensar, mostrando o conteúdo sobre diferentes aspectos, instigando-o a descobrir caminhos, a fazer escolhas, a reconhecer suas competências, enfim, a usar suas inteligências.

A seguir, vamos conhecer as características de cada uma das oito inteligências destacadas por Gardner nas atitudes e nos comportamentos dos indivíduos de zero anos até a idade adulta, tornando, assim, mais fácil a sua identificação.

Olhando para o próprio umbigo

Nada melhor do que começarmos falando do nosso "eu". É muito comum que uma pessoa, ao ser questionada a respeito de quem ela mais gosta, refira-se a parentes, pais, irmãos e amigos. Normalmente, ninguém diz que gosta de si mesmo. Podemos afirmar que se conhecer desde a infância não faz parte da nossa cultura, como é o caso dos orientais. Desse modo, a criança, ao menos a ocidental, não tem interesse em se conhecer profundamente.

Sabemos que a criança passa pela fase do egocentrismo, mas isso não é conhecer-se, e sim querer tudo para si, colocar-se como o centro de tudo, o que é muito diferente. O fato de não se ter trabalhado o egocentrismo na criança é um bom começo para identificar o grau desse "tudo é meu" ou "eu sou o primeiro" numa autoavaliação como um início ao autoconhecimento.

Esse autoconhecimento engloba o desenvolvimento da autoimagem e da autoestima, ou seja, apreciar aquilo que se tem de bom e ter consciência de que determinada tendência precisa ser modificada. Podemos dizer que a autoestima é o sentimento que o indivíduo tem por si próprio, e a autoimagem é o conceito que o indivíduo tem de si mesmo.

Há quem diga que aquele que tem um respeito próprio bem desenvolvido tem mais chance de se tornar um vencedor, porque tem noção do que realmente é capaz. Se o professor reforçar esse retrato mental de vencedor a cada atitude de acerto do aluno, estará lhe passando segurança e, consequentemente, preparando-o para um futuro bem-sucedido.

O professor terá a responsabilidade de mudar o autoconceito do aluno quando este for negativo, como "eu não consigo", "eu sempre erro", "não vou acertar". Para essa mudança, terá de fortalecer e exaltar a inteligência predominante, fazendo com que o aluno acredite no seu potencial e reformule o conceito que ele tem de si mesmo. Essa atitude será capaz de transformar um aluno comum num profissional vencedor. Nas palavras de Antunes (2007, p. 52): "Um bom professor pode ajudar seus alunos a transformar aprendizagens mecânicas em

Uma realidade que muitos evitam enxergar

saberes significativos quando, ao lado dos conteúdos, desenvolve algumas competências".

Mas, para agir dessa forma, com segurança, o professor deverá conhecer a si mesmo muito bem. Em primeiro lugar, ele tem que ser muito honesto consigo para poder fazer uma boa autoanálise e descobrir as suas qualidades, suas dificuldades e quais inteligências tem mais afloradas.

> *Quanto menos uma pessoa entender seus próprios sentimentos, mais cairá presa deles. Quanto menos a pessoa entender os sentimentos, as respostas e o comportamento dos outros, mais tenderá a interagir inadequadamente com eles e, portanto, falhará em assegurar seu lugar adequado dentro da comunidade maior.*
> (Gardner, 1994, p. 197)

O autoconhecimento, embora seja uma missão difícil, é fundamental para o alcance dos objetivos pretendidos. Quem se conhece bem sabe exatamente que caminho deve seguir. Como pode, quem não se conhece, acreditar em sua própria capacidade? Se não conhece sua capacidade, como pode se sentir capaz de realizar seus sonhos e projetos? É por essa razão que o autoconhecimento é condição para amar a si próprio: quando a autoestima se encontra minimizada, o sentimento de não se sentir capaz, de não valorizar as próprias atitudes, de não se permitir errar fica demasiadamente aflorado, propiciando uma apatia, uma vontade de desistir de tudo ou de ir "levando conforme a posição do vento", como se diz na linguagem popular.

Esse amor por si próprio é o combustível para se ter motivação, ânimo, criatividade, para se posicionar, tanto pessoal quanto profissionalmente, no meio em que se vive. Sem autoestima, o indivíduo começa a pensar igual a todos os que o rodeiam e, com isso, abandona o ato de inovar, de reciclar a cada dia, de ver e enxergar o que está à sua volta, passando a agir de forma desmotivada.

Para aumentar a autoestima, o ser humano deve ter consciência de quem é e do quanto é capaz, e só se chega a esses resultados por meio do autoconhecimento. Após essa avaliação é que se terá subsídios para mudar o que precisa ser mudado e reforçar o que de bom foi encontrado. Com isso, o indivíduo se sentirá mais confiante em sua capacidade, conseguindo, assim, atingir os seus objetivos, e terá renovada sua capacidade de amar.

Lembre-se de que, muitas vezes, para se transformar é preciso romper com alguns hábitos. **Transformar e transformar-se exige muita coragem e persistência**. O professor que faz esse trabalho consigo mesmo terá mais atributos para entender e conduzir o aluno.

Conduzindo ao saber

Cada vez mais o professor detém nas mãos a responsabilidade de formar o aluno de maneira ampla, uma vez que esse aluno passa mais tempo em contato com ele do que com os próprios pais. Também sabemos que a escola em período integral é uma realidade eminente em nosso país, e, em razão disso, a responsabilidade de formação estará cada vez mais (e porque não dizer totalmente?) nas mãos do professor.

Então, uma vez que os filhos costumam imitar os pais e os alunos costumam tomar o professor como exemplo, é importante que haja uma mudança de paradigmas na educação. Ela deverá passar

Uma realidade que muitos evitam enxergar

de verticalizada à horizontalizada, para que exista troca de experiências e para que a aprendizagem seja constante para os dois lados – professor e aluno.

O professor lida com vidas, com a formação de seres humanos, de cidadãos. Essa é a sua matéria-prima. Por isso, tem uma responsabilidade que a cada dia está mais presente na sua vida. O educador, por estar diariamente em contato com o aluno, tem a possibilidade de cativar, de instigar e, muitas vezes, de influenciá-lo, então, deve se valer disso para educá-lo. Em razão dessa influência, deve ser sempre muito cuidadoso quanto ao modo de transmitir e enfatizar seus conceitos. Já diz Dimenstein (2008, p. 114) que "o prazer e a alegria são as grandes forças que nos levam a aprender". O uso de palavras agressivas ou piadas envolvendo o aluno pode prejudicar e até levantar uma barreira entre professor e aluno difícil de transpor, prejudicando muito o aprendizado.

> O professor lida com vidas, com a formação de seres humanos, de cidadãos. Essa é sua matéria-prima.

O professor é um ser humano como outro qualquer, que pode ficar alegre e também triste, que é paciente, mas também tem seus momentos de estresse e que pode, nesses momentos, vir a cometer erros dos quais poderá se arrepender logo em seguida. Por essa razão, é de suma importância exercitar sempre o controle e a paciência. Normalmente, o comportamento do aluno é uma resposta ao comportamento do professor. Se você vê um aluno como um problema, com certeza ele se tornará um problema. Tome então muito cuidado com as palavras que usa no exercício da sua profissão. Há que se ter sempre este questionamento: "Isso que eu vou tentar ensinar será objeto de amor para o meu aluno? O que eu vou tentar ensinar será ferramenta para que o aluno atinja o objeto amado? A maneira como eu vou ensinar possibilitará que meu aluno alcance o objeto amado?" (Dimenstein; Alves, 2008, p. 114).

Sabemos que o aluno, dependendo da relação que estabelece com o professor, pode ou não facilitar o processo de aprendizagem. Ou seja, se o professor é querido e bem conceituado pela classe, automaticamente sua matéria despertará interesse, propiciando uma predisposição à aprendizagem. Há um interagir entre professor-matéria-aluno, resultando num processo cognitivo satisfatório. A harmonia existente nesse triângulo propicia a não supervalorização das partes, facilitando, então, a aprendizagem. O aluno, para aprender, usa a inteligência, e se ser inteligente significa "entender, compreender, conhecer, discernir, conversar consigo mesmo, criar objetivos para resolver problemas... seria incongruente que tais procedimentos estivessem ausentes do comportamento do professor" (Antunes, 2007, p. 18). O professor, ao se apropriar desses procedimentos, abre um novo canal de comunicação com seu aluno, pois assim estarão falando "a mesma língua". O mesmo acontece quando o professor identifica a inteligência potencializada no aluno, ele passa a falar uma linguagem conhecida para esse aluno.

O professor deve manter esse canal sempre aberto para poder estimular situações de interação e de envolvimento, pois o lugar que ele ocupa não é apenas daquele que ensina, mas também daquele que conduz ao saber. "Um bom professor pode ajudar seus alunos a transformar aprendizagens mecânicas em saberes significativos quando, ao lado dos conteúdos, desenvolve algumas competências" (Antunes, 2007, p. 52).

Uma realidade que muitos evitam enxergar

Valorizando a individualidade

Outro ponto importante é o de tratar cada indivíduo como sendo único, como o é. Isso parece óbvio, mas não é. Vivemos em uma época de massificação, em que o "individual" não existe, somos uma grande massa e tudo é voltado para atingir essa massa. Enfim, perdemos a individualidade, e é em razão dessa mudança que o conhecer-se e o conhecer ao outro se faz tão necessário.

Não queremos mais que nossos alunos caminhem junto com a multidão sem que saibam para onde estão indo. Está na hora de mudarmos essa realidade. Quanto mais conhecemos o outro, mais condições teremos de orientá-lo. Para isso, é importante que o professor reserve sempre um tempo para atender a seus alunos, uma atitude simples que faz a diferença. Existem professores que, ao encerrarem a aula e se ausentarem da sala, agem como se não conhecessem seus alunos. Mesmo estando no pátio da escola, quando algum aluno o procura para fazer alguma pergunta, ele diz que na próxima aula responderá, pois ali não é hora e nem lugar. Na verdade, o professor tem de fazer de todos os momentos situações diferenciadas. Muitas vezes, é justamente num encontro informal que grandes dúvidas são respondidas. O professor não está perdendo tempo quando propicia um momento para o seu aluno fora da sala de aula, ele está, sim, fazendo a diferença. E, em razão do respeito que demonstrou pelo aluno, fará com que esse sentimento seja mútuo, recíproco.

O individual e o individualismo

Esse "olhar para si e para o outro" abre caminho para que o professor trabalhe valores morais, o exercício da cidadania, a ética e outros temas como individualismos e tolerância. Aqui vale uma ressalva: não confundir individualismo, que passaremos a abordar a seguir, com o tratamento individual mencionado anteriormente. Ser tratado de forma individual é valorizar cada um como um ser único. Ser individualista é a necessidade de se impor incondicionalmente.

Normalmente, a pessoa não se vê como individualista; porém, quando questionada sobre uma situação de preocupação ou em relação a um determinado fato, a resposta é sempre de cunho individual.

Ligada ao individualismo está a intolerância. Normalmente, o individualista não tem paciência ao aguardar sua vez para falar durante uma conversa, na aula ou para ser atendido numa situação em que não há formação de fila. Não tem tolerância quanto à diferença, seja em relação à cor da pele, à nacionalidade, à classe social, ao sotaque regional, à aparência física, à magreza ou à obesidade, enfim, não tem tolerância em aceitar o outro do jeito que ele é.

> Ninguém é igual a ninguém, logo ninguém é superior ou inferior a ninguém.

Essa intolerância deve ser trabalhada de forma reflexiva, de modo a levar o indivíduo a analisar suas próprias características, habilidades, dificuldades e excentricidades. Dessa forma, a possibilidade de aceitação e consequente tolerância fica mais favorecida.

O preconceito e a discriminação existem em razão da falta de informação e de orientação. Se o professor levar o aluno a olhar para si próprio e a enxergar-se como um ser único, o tornará apto a olhar o outro da mesma forma, percebendo que cada um é único. Ninguém é igual a ninguém, logo, ninguém é superior ou inferior a

Uma realidade que muitos evitam enxergar

ninguém. "Nós temos aparências diferentes umas das outras, temos personalidades diferentes e temos mentes singularmente distintas" (Gardner, 2000, p. 194).

O que não tem a menor eficácia é o discurso sobre esse assunto sem a devida reflexão. Quando ocorre o discurso propriamente dito, podemos dizer que este entra por um ouvido e sai pelo outro. "Sermões" sempre devem estar fora do planejamento. Quando um professor inicia um sermão, pode ter certeza de que o aluno-alvo já se desligou após ouvir a segunda frase. Estará presente fisicamente, mas sua atenção estará voltada para outro assunto. É estratégico fugir, pois assim não terá de tomar nenhuma atitude.

O professor, ao trabalhar qualquer assunto polêmico, terá de aguardar uma oportunidade na qual os próprios alunos venham a analisar o tema e chegar à conclusão de que algumas atitudes são erradas. Essa análise tem que vir, inclusive e preferencialmente, do aluno "fato gerador". Agindo reflexivamente no momento do conflito, o professor poderá indicar caminhos para que os alunos reflitam e levem à solução do problema em pauta, e isso vale muito mais do que qualquer "sermão".

É necessário lembrar que, para ensinar e aprender, não há hora certa, e sim a oportunidade certa. Sabendo aproveitar o momento, a aprendizagem, além de eficaz, fica prazerosa. "Há muito conhecimento sendo gerado na educação informal que pode trabalhar com a educação formal" (Dimenstein; Alves, 2008, p. 100).

O professor deve capacitar seus alunos para que se sintam aptos a construir novos paradigmas para conviver em sociedade. É por essa razão que os conteúdos transmitidos pelo docente devem estar ligados à vida do dia a dia, com dinamismo e interação, de forma que as pesquisas e os debates façam parte do cotidiano, propiciando uma visão holística e exercitando o ato de pensar, que servirá como alavanca para a criação de uma sociedade ética, solidária, tolerante e com respeito ao indivíduo e à natureza que a cerca.

Quando falamos em *educação ética*, estamos falando numa educação voltada à diversidade. Queremos ser olhados como seres únicos, uma vez que ninguém é igual a ninguém (vale a pena repetir isso). Na parte cognitiva também somos pessoas singulares, ou seja, temos mentes diferentes, logo, intensidades diferentes de inteligências. Se assim é, **então por que o professor ministra suas aulas sempre da mesma forma, sempre com os mesmos recursos e a mesma linguagem?**

Ainda hoje há professores que impõem sua maneira de ser e de agir, forçando o aluno a se adequar a ele, muitas vezes, coercitivamente, por meio das notas. A verdade é que o professor deve, ao ensinar, usar todos os recursos para atingir cognitivamente seus alunos. "Recusamos o diálogo com a geração que nos precedeu, mas continuamos a recusá-lo com a geração subsequente" (Sayão, 2004, p. 73).

Não se trata de referência a uma linha pedagógica ou a um método de ensino específico, e sim de linguagens diferenciadas que o professor pode, e deve, utilizar para ministrar suas aulas, atingindo, dessa maneira, todas as diferentes inteligências dos seus alunos. Para ter esse conhecimento, o professor deve estar familiarizado com cada uma das inteligências múltiplas e ser extremamente observador, pois essas características se manifestam no dia a dia de forma trivial. Nesse sentido o olhar do professor tem de ser atento e diferenciado.

Para que isso seja possível, o professor deverá, primeiramente, analisar as habilidades mais intensas no processo de identificação de si próprio. De posse desse conhecimento, estará apto a identificar nos seus alunos as possíveis inteligências que lhes são natas e as que deverão ser trabalhadas.

Mas somente identificar as inteligências não é o bastante, elas devem ser estimuladas constantemente, uma vez que o estímulo esporádico não apresenta a eficácia necessária.

Vale dizer, também, que a ordem das inteligências dispostas neste estudo não tem qualquer referência sobre uma ser mais importante que a outra, pois todas têm a mesma importância. O critério foi iniciar pelo "eu". Dessa forma, iniciamos com a inteligência intrapessoal.

2

Inteligência intrapessoal

Inteligência intrapessoal é a capacidade que o ser humano tem de conhecer a si mesmo. O indivíduo com essa inteligência bem desenvolvida tem consciência das suas reações diante dos acontecimentos e, com isso, pode administrar melhor suas atitudes; entende seus sentimentos, sabe como aflorar sua autoestima e como aprofundar o autoconhecimento. É disciplinado, determinado e organizado. Estabelece no seu dia uma rotina comportamental para que possa aproveitar bem o seu tempo. Não vê com bons olhos a quebra dessa rotina quando esse fato ocorre com frequência, chegando a ficar, muitas vezes, mal-humorado.

É severo consigo mesmo, impondo-se fardos, muitas vezes, pesados, pois alimenta a expectativa de testar sua resistência e de se superar. Tem um ótimo relacionamento consigo mesmo e, por isso, gosta muito de ficar sozinho e desenvolve hábitos como leitura, estudo e meditação.

Quando bebê

No bebê, identificamos essa habilidade quando este, ao acordar, distrai-se com tudo que está ao seu redor. Brinca com suas mãos, fica olhando os móbiles e brinquedos pendurados no berço e, muitas vezes, se distrai-se com o desenho do próprio lençol. O bebê com a inteligência intrapessoal potencializada estranha com mais facilidade as pessoas que não fazem parte do seu convívio.

Dificilmente chora quando acorda e não vê adultos ao seu redor. Não quero dizer com isso que o bebê não gosta de pessoas por perto, muito pelo contrário, gosta e muito das que lhe são conhecidas e queridas. Quando a mãe chega e fala com ele ainda no berço, a criança abre um sorriso imenso de felicidade. O que ocorre é que ele também se sente bem em sua própria companhia.

Ao frequentar o berçário, sua adaptação poderá ser um pouco mais lenta. Irá chorar e se agarrar ao pescoço da mãe quando ela tentar lhe entregar para a funcionária da instituição. É importante que a monitora, ou quem for ficar com esse bebê, brinque bastante com ele durante alguns dias, tentando cativá-lo e conquistá-lo antes de separá-lo da mãe. Esse comportamento trará segurança ao bebê com inteligência intrapessoal, tornando a sua adaptação menos sofrida. Quando a mãe, ao deixá-lo pela primeira vez, for embora, é adequado que a monitora se dirija rapidamente para o interior da instituição, evitando que a criança fique vendo a mãe sem poder ficar em seu colo. A criança entrará chorando e provavelmente demorará um pouco para se acalmar.

Por ter chorado, é provável que acabe dormindo. Ao acordar, depois de um sono muitas vezes agitado, se distrairá com o que está ao seu redor no berço, porém, quando a monitora responsável por cuidar dele se aproximar, ele irá estranhar e começará a chorar novamente. Esse é um processo lento e a criança levará algum tempo até que se habitue às pessoas que ali trabalham e com o novo ambiente.

É preciso ter paciência e envolver o bebê com muito carinho para que se sinta seguro e se afeiçoe às novas pessoas.

Nesse primeiro momento, quando o bebê começa a frequentar o berçário, é necessário ter móbiles no berço, bichinhos coloridos e outros brinquedos adequados para essa idade. Assim, ele se distrairá enquanto aguarda a chegada da monitora. É aconselhável conservar sempre a mesma pessoa para cuidar dele, pelo menos até que passe a fase da adaptação.

A monitora deve respeitar o ritmo do bebê, conhecer seus hábitos e suas preferências. Dessa forma, ele sentirá segurança e bem-estar, que facilitarão a sua adaptação.

Deve-se evitar colocá-lo em contato com muitas crianças ao mesmo tempo, pois isso poderá estressá-lo. O bebê é totalmente dependente, e essa parceria com o adulto lhe ajudará a se sentir seguro e confortável, incluindo a monitora em seu rol de amizades.

Na educação infantil

Quando a criança com a inteligência intrapessoal potencializada entra na educação infantil, sua adaptação normalmente é difícil e bastante dolorosa, uma vez que estranhará o ambiente e as pessoas que lá trabalham. Demorará mais tempo para fazer amizades e algumas vezes nem o fará. Irá chorar sem motivo aparente diversas vezes durante o dia, principalmente quando olhar ao redor e perceber que não está em casa.

A sensação de estar longe das suas coisas, do seu cantinho e das pessoas que ela conhece lhe provocará um vazio dolorido. É importante, nessa fase de adaptação, que a mãe mande junto com a criança algum objeto de reconhecimento – brinquedo, fraldinha, travesseirinho –, que seja de seu uso pessoal e do qual ela goste muito. Isso lhe dará segurança, porque esse objeto fará uma ponte entre a casa e a escola.

Henri Wallom (1979, p. 143) dá destaque ao caráter social da criança que elege a emoção como veículo de comunicação para se adaptar ao meio: "as emoções são a exteriorização da afetividade... As relações que elas tornam possíveis afinam os seus meios de expressão, e fazem deles instrumentos de sociabilidade cada vez mais especializados".

É normal que a criança tenha o sono agitado nesse período de adaptação, podendo até vir a soluçar enquanto dorme. Na verdade, ela está se sentindo magoada com essa nova situação de separação que, embora seja necessária, é muito dolorida tanto para a criança quanto para a mãe.

Essa é a primeira das muitas batalhas que ela terá que enfrentar na vida. O importante é a criança encontrar em seus pais muito carinho e atenção para que se sinta fortalecida e consiga vencer esse desafio. Explicar para a criança por que ela está indo para a escola é muito importante, e é um papel decisivo dos pais. Porém, os excessos, como sempre, não são bem-vindos. Os pais devem evitar ao máximo tentar compensar essa fase com presentes e muitos mimos, pois a criança pode se sentir mais ansiosa ainda.

O processo de adaptação para a criança com a inteligência intrapessoal potencializada é feito de altos e baixos. Vamos exemplificar focando uma criança que chorou para entrar na escola de segunda-feira até a quarta-feira. Na quinta-feira e na sexta-feira, ela entrou feliz, sem chorar. Então, vem o final de semana, e como a criança, nessa idade, não tem a orientação temporal desenvolvida, para ela sábado e domingo é um tempo imensamente longo. Ela pode imaginar que não irá mais para a escola. Assim, quando chega segunda-feira e ela percebe que está na porta da escola, sente-se desesperada por ter que enfrentar novamente esse ambiente que ainda não lhe é familiar e chora, voltando à estaca zero. Esse comportamento pode acontecer muitas vezes durante várias semanas, até ela perceber que esse processo será constante. Então, passará a encarar sua ida à escola com naturalidade. A partir daí é que poderemos dizer que ela se adaptou. Mas, mesmo estando adaptada, poderá apresentar o mesmo comportamento inicial após feriados prolongados e férias escolares.

Quanto mais velha a criança com a inteligência intrapessoal potencializada entrar na escola (após os 4 anos), mais demorada e dolorida será sua adaptação. Quando a mãe, justamente por saber que seu filho(a) tem dificuldades em se adaptar a situações novas, protela a ida dele à escola, levando-o ao ambiente escolar com 4, 5 e, às vezes, até com 6 anos, com certeza demorará, e muito, para que ocorra a adaptação. Será uma criança que, provavelmente, todos os dias dará *"show"* na porta da escola. Irá chorar, gritar, espernear, vomitar, perder o fôlego; poderá debater-se, bater na mãe, morder-se, arrancar os cabelos, enfim, fará tudo para voltar à sua zona de conforto, ou seja, ao ambiente que já conhece e está acostumada: sua casa.

É importante que a mãe tenha consciência e certeza de que está pronta para enfrentar todos esses recursos comportamentais que a criança usará para tentar vencer e não ir mais para a escola. Uma vez decidido, a mãe não deve, em hipótese alguma, voltar atrás e deixar de levar a criança para a escola. O período de adaptação deverá ter regular frequência, sem interrupções. A mãe deverá ter comportamento firme e seguro, deixando a criança na escola independente de ela chorar ou não na entrada. De forma alguma deverá ceder e voltar com a criança para casa alegando que, no dia seguinte, quando a criança estiver mais calma, ela a trará novamente. Isso não irá acontecer, pois o ato de voltar para casa é sinal de que a criança ganhou a batalha e que sentiu a insegurança da mãe. Se isso ocorrer, no dia seguinte ela fará tudo igual e até usará de algum recurso pior para tentar vencer novamente.

Nesse período de adaptação, a professora deverá ficar sempre junto com a criança para que ela sinta segurança. Não deve, de forma alguma, ficar com ela no colo, pois essa atitude irá criar outro problema: o de tirar o costume de ficar no colo. A professora lida com um grupo, logo, não poderá ficar com todos no colo ou com um no colo e os outros não. É importante que a criança se movimente pela escola de mãos dadas com a professora ou com os coleguinhas, o que irá propiciar que se sinta parte do todo.

A criança com a inteligência intrapessoal potencializada, depois de adaptada, sentirá satisfação em brincar sozinha, sem fazer questão de compartilhar suas brincadeiras com outros coleguinhas. Pode se divertir somente olhando as outras crianças correrem e pularem. Dificilmente se juntará a elas. Gosta muito de brincar de "faz de conta", dando vida a seus personagens e travando diálogos com seus bichinhos e bonecos. Pode permanecer durante longo tempo brincando sozinha.

A professora deverá respeitar essa característica. É lógico que é possível tentar integrá-la ao grupo, mas é preciso respeitar sua maneira de ser. <u>Esse respeito à singularidade de cada criança é muito importante para o seu desenvolvimento, que, com crescimento e motivação, irá estender seu contato com o mundo físico e social.</u> Para isso, a professora deverá propor situações em que o brincar em grupo seja bem divertido, despertando na criança com inteligência intrapessoal potencializada o prazer do convívio com o outro.

É certo que um dos principais fatores que a educação infantil proporciona é a socialização, contudo o intrapessoal nem sempre está disposto a desfrutar desse convívio.

A aprendizagem no espaço escolar se dá por meio da observação e da ação por imitação e, nesse âmbito, a criança intrapessoal se privilegia, pois é muito observadora. Essa característica lhe facilitará, com o crescimento, a aprendizagem com a construção do conhecimento afetivo, social, motor e cognitivo. Segundo Veer e Valsiner (2001, p. 424):

> *O mundo social de qualquer grupo de pessoas que se desenvolvem paralelamente em um determinado ambiente social está cheio de conceitos gerais que organizam as esferas social e pessoal das pessoas e facilitam a construção coletiva dos significados culturais da forma como estes são comunicados ...*

Dependendo das ações e das atitudes que envolverem a adaptação da criança, o choro e a recusa na entrada poderão se prolongar até o ingresso no fundamental I, principalmente agora, com o ensino de nove anos, em que o aluno ingressa no 1º ano com seis anos de idade. A criança poderá reclamar diariamente de dor de cabeça, dor de barriga e outras dores. É importante averiguar se ela não está pálida, se seus lábios estão vermelhos, enfim, se ela está com aparência saudável. Se estiver tudo bem, o melhor a fazer é entretê-la para que esqueça as "dores" e comece a participar da aula.

No fundamental I

No fundamental I, a criança poderá ser rotulada de *tímida*, mas não o é. O fato de observar mais do que falar não caracteriza a timidez. **Ela pode ter facilidade e desenvoltura para falar em público, embora só o faça quando requisitada**. Dificilmente irá se manifestar oralmente durante uma explicação em classe sem que seja estimulada a isso. Também será uma raridade se envolver em brigas, pois é sempre muito centrada e não dá muita importância ao parecer alheio. Desde pequena é segura quanto a suas opiniões e não se deixa influenciar pela opinião das outras pessoas.

No recreio, em vez de ficar brincando com as outras crianças, pode preferir ir à biblioteca e ficar lendo. É cumpridora de seus afazeres, é ordeira, educada e não tem problemas quanto ao cumprimento de regras. É pessoa de poucos amigos, mas os que têm são mantidos por toda a vida. Senta-se preferencialmente na primeira carteira e dificilmente conversa com os colegas durante a aula.

Embora seja sempre muito centrada, a criança com a inteligência intrapessoal potencializada participa das festas da escola, dança, interpreta, mas mantém sempre seu comportamento discreto. Costuma ser bem quista pelos colegas que aprendem a respeitar o seu jeito de ser.

Em sala de aula, esse comportamento discreto e quieto pode fazer, às vezes, com que o professor acabe se descuidando e se esquecendo desse tipo de criança, pois normalmente há, na mesma sala, aquele aluno falante, participativo, que se faz presente a todo o instante. Com isso, a intrapessoal acaba ficando de lado. Por essa razão, o professor deve se manter sempre atento para incluir essa criança na participação em sala. O fato de ela não se manifestar por meio de conversas e outras atitudes não significa que também não goste de ir à lousa, de ser a ajudante de classe, bem como de outras participações comuns entre os alunos.

O objetivo de conhecer nesse tipo de aluno essa inteligência nata é justamente poder trabalhar as outras inteligências menos potencializadas que venham a favorecer a sua maior participação espontânea. "É da máxima importância reconhecer e estimular todas as variadas inteligências humanas e todas as combinações de inteligências. Nós todos somos tão diferentes em grande parte porque possuímos diferentes combinações de inteligências" (Gardner, 2000, p. 18).

Na adolescência

Quando adolescente, o itrapessoal é normalmente muito caseiro, não gosta de sair em turmas, de ir a festas nem a baladas. Seu divertimento é ficar em casa lendo ou mexendo no computador. Sempre tira notas boas e é muito exigente consigo. Em alguns casos, pode chegar a ficar inconformado por ter tirado uma nota 8,5. Há casos extremos em que uma nota 9,0 pode significar "o fim do mundo".

Vimos nas características do intrapessoal que ele prefere ficar calado, observando, que gosta de ficar sozinho e de ler. Nos dias de hoje, sabemos que de nada adianta você deter o conhecimento sem saber expressá-lo. Assim, é <u>**muito importante trabalhar a fala/discurso no intrapessoal**</u>. Sempre que o professor escolher um tema para debater, esse aluno tem de ser inquirido. Quando tiver algum texto para ser lido, ele deve ser escolhido, pois, se depender dele, dificilmente irá se oferecer.

Um adolescente com a inteligência intrapessoal potencializada, na maioria das vezes, é pessoa de um único(a) namorado(a), ou seja, normalmente se casa, mesmo que namore por muitos anos, com seu (sua) primeiro(a) e único(a) namorado(a). Além disso, esse adolescente tem uma excelente capacidade de abstração e de raciocínio. É muito exigente consigo mesmo e traça objetivos de difícil alcance, colocando-se à prova todo o tempo. É adepto da autorreflexão e possui uma intuição apurada. Com o passar dos anos, essa intuição tende a ficar cada vez mais desenvolvida, passando quando adulto a senti-la e segui-la em todos os momentos importantes da sua vida.

Sente-se atraído por temas polêmicos e os analisa com profundidade, defendendo-os com embasamento. Tem opiniões bem fundamentadas sobre assuntos diversos. Essa é mais uma razão para que o professor estimule o aluno com a inteligência intrapessoal potencializada a falar, a se relacionar com os colegas e a participar de atividades tanto em grupo quanto individuais.

As principais profissões para esse tipo de inteligência:

Filósofos, pesquisadores, psicólogos, conselheiros, terapeutas, engenheiros, profissões ligadas à computação, artista plástico, compositor e outras que envolvam situações em que o ficar sozinho seja fundamental.

Inteligência

interpessoal

Inteligência interpessoal é a facilidade que o indivíduo tem de se relacionar com as pessoas. Ele tem a sensibilidade à flor da pele e consegue perceber mediante o olhar, pelo gesto e até mesmo por meio das expressões faciais do outro se ele está triste, feliz, preocupado ou carente. Pessoas com essa inteligência aflorada são ótimas companheiras, amigas sinceras e dificilmente têm atitudes inconvenientes, uma vez que são muito observadoras e, por essa razão, sabem a hora certa de falar ou de se calar.

Quando bebê

Os bebês com essa inteligência potencializada normalmente não estranham pessoas que não fazem parte do seu eixo familiar. Muitas vezes até se jogam para ir ao colo de estranhos. É tido como muito simpático, pois sempre sorri e brinca com qualquer pessoa que lhe dirija a atenção.

Bebês com a inteligência interpessoal nata se adaptam facilmente a novos ambientes, desde que se sintam confortáveis e acolhidos. Assim, normalmente é calma sua ida ao berçário e, consequentemente, propicia essa tranquilidade à mãe, que poderá retornar ao trabalho sem maiores preocupações.

Não haverá a necessidade de que seja sempre a mesma babá a cuidar dele. Por essa facilidade de convivência, poderá ser integrado com todas as funcionárias do berçário, bem como poderá conviver, desde o início, com as outras crianças que de lá façam parte. É tido como uma criança de "gênio bom". Quando está no berço, está feliz; no bebê conforto, está alegre; no colchonete, sorridente; junto de outras crianças, extasiante, enfim, sempre traz um sorriso nos lábios. Está sempre de bom humor. Costuma ter reações tranquilas diante de situações complicadas como, por exemplo: se está brincando com um determinado brinquedo e um amiguinho tira-o de suas mãos, é bem provável que pegue outro para brincar sem apresentar qualquer irritação. Diante dessas ocorrências, é imprescindível a intervenção do professor ou monitor no sentido de que, embora a criança não chore, brigue ou reclame, o seu direito tem que ser respeitado.

É o tipo de criança que quase não chora. Muitas vezes, não se sentindo bem por estar com febre ou com outro sintoma, somente fica quieta. Não reclama. Só chora mesmo quando acontece alguma coisa séria que provoque dor ou um susto grande. Por ter esse temperamento, não dá trabalho para comer, para tomar banho, para dormir. É um bebê muito fácil de cuidar. Se está brincando no tapete quando o sono chega, ele simplesmente deita e dorme, mesmo sem travesseiro. Muitas vezes, dorme em posições pouco confortáveis, sentado, por exemplo.

O bebê com a inteligência interpessoal potencializada é um grande fazedor de amigos. Adora estar rodeado de adultos e crianças e se apega às pessoas com muita facilidade. Demonstra esse sentimento pela reação de alegria ao ver cada pessoa querida. É muito carinhoso e gosta tanto de dar quanto de receber carinho. Quando acarinhado no rosto, chega a fechar os olhos, inebriado pela sensação de prazer. Todo contato de pele lhe traz muita calma.

Na educação infantil

Na educação infantil, podemos perceber que a criança tem a inteligência interpessoal aflorada quando, logo no período de adaptação, afeiçoa-se a um determinado colega, professor ou monitor. Essa criança tende a ter uma adaptação mais fácil e menos dolorosa, inclusive para a mãe, que se sente segura e tranquila. Não significa que ela não irá chorar no período de adaptação. Chorar faz parte do contexto. Ocorre que o choro dificilmente passará de duas semanas, e se limitará somente ao horário da entrada, que é a fase mais dolorida, pois representa a separação entre a mãe e a criança. Vai parar de chorar assim que adentrar no seu espaço na escola e se distrair com seus amigos e brinquedos. Esse comportamento é mais frequente em crianças de um a três anos.

Dos três anos em diante, a tendência é que a criança não chore mais nessa fase inicial. O fato de se identificar com algum coleguinha, com a professora ou monitora lhe dá respaldo para se sentir bem e ter uma adaptação tranquila, sem grande sofrimento.

Nesse período de adaptação, o responsável por receber os alunos deve ficar atento para levar a criança, tão logo chegue à escola, ao encontro daquele amiguinho com o qual se identificou. Entrar e já se deparar com o amigo lhe trará a sensação de segurança. Se por acaso foi por algum brinquedo que a criança se apegou, ele deve ser deixado reservado perto da entrada para que a criança o reconheça assim que chegar. Essas atitudes, tomando por apoio a inteligência potencializada, são facilitadoras nos momentos difíceis, em que a criança está se adaptando ou passando por situações estressantes.

Essa relação nova que ocorrerá entre a criança e o adulto irá estabelecer uma estimulação à parte afetiva que a criança interpessoal já tem aflorada. Por se sentir deslumbrada diante de tantas novidades oferecidas pela escola, ela poderá apresentar resistência, nesse início de adaptação, quanto a seguir a rotina que toda escola deve ter. Quando é instruída pela professora para que guarde o joguinho com o qual está brincando, pois é hora de fazer a atividade, ela poderá se negar veementemente, principalmente porque não dispunha dessa rotina em sua casa.

O melhor que o professor tem a fazer é explicar que todas as atividades são importantes e que cada uma tem o seu horário. Depois deve pedir ao aluno para que o auxilie na aplicação dessa atividade. Esse argumento será sempre muito eficaz, uma vez que a criança interpessoal é muito prestativa e adora conduzir situações.

Outra particularidade da criança com inteligência interpessoal nata é a de que demonstra muito cedo ter tendência à liderança e se vale dessa habilidade para ter seguidores. Se ela começar a correr, com certeza as outras crianças irão parar de brincar e vão correr também. Se ela começar a rir, as outras crianças também rirão, mesmo sem saber por qual razão. Portanto, ela exerce grande influência nas pessoas.

A criança interpessoal desenvolve um atributo muito importante: o da atenção. Em razão do seu espírito de liderança, sente-se capaz de colocar em prática grandes ideias. Por conseguinte, está atenta a situações favoráveis bem como atenta a seus seguidores, dando-lhes as coordenadas necessárias. Essas atitudes lhe estimulam também a autoconfiança. Essa criança tem um grande potencial para realizar grandes "artes" e, por conta da sua segurança, não só as coloca em prática como assume sempre a autoria.

É sempre muito curiosa e, por essa razão, quer mexer em tudo. Adora ajudar tanto a professora quanto seus amiguinhos. Ao menor descuido por parte da professora e pronto: a criança interpessoal já fez a lição do coleguinha. Quando deseja um brinquedo que porventura está na mão de outra criança, ela simplesmente levanta e o pega. Pode ser que a criança não reclame, mas se isso ocorrer ou se a professora intervir, ela não se importará em devolver. Muitas vezes, abre mão dos próprios brinquedos para alegrar um coleguinha triste. Adora segurar no colo as crianças da sua escola menores que ela. Tem o instinto maternal muito apurado, no caso da menina, deixando de comer o próprio lanche porque quer dar o "lanchinho" na boca das crianças menores.

A criança interpessoal é muito carinhosa. Adora beijar, abraçar, fazer cafuné. Sempre que está falando com alguém, seja adulto, seja criança, suas mãozinhas estão sempre fazendo carinho. São crianças que, quando se sentem imensamente felizes, correm e se penduram no pescoço da pessoa mais próxima. É dócil e espontânea. Adora promover situações que a coloque em destaque como dançar, cantar e recitar, pois o fato de atrair a atenção de outras pessoas para si lhe proporciona prazer.

E como deve o professor trabalhar a inteligência intrapessoal numa criança com essa descrição? O professor deverá motivá-la a montar um quebra-cabeças sem a interferência de ninguém, assim ficará numa atividade sozinha. Quando, numa brincadeira, cada integrante tiver que fazer uma atividade, como recitar, por exemplo, essa criança não deverá ser sempre a primeira escolhida. Terá de aprender a aguardar sua vez. Quando o professor precisar que alguém o ajude, deverá escolher outras crianças, de preferência as inibidas, e a criança com inteligência interpessoal potencializada somente algumas vezes, caso contrário, será sempre essa criança a escolhida para tudo, afinal, está sempre pronta a ajudar, está sempre por perto e faz tudo com muita rapidez e eficácia. É claro que todo professor gosta disso, porém, os outros alunos também devem ser estimulados. É também papel do professor cobrar aquela criança que se distrai no meio de uma atividade, sem terminá-la. É preciso lembrá-la do que foi pedido e cobrar que o faça.

No fundamental I

No ensino fundamental I, a criança interpessoal não apresenta timidez. Está sempre rodeada de amigos tanto no recreio quanto na entrada e saída da escola. É normal voltar para casa levando algum colega consigo ou ser convidada para ir à casa de algum deles. Esse tipo de criança raramente está sozinha e, se isso ocorre, sente-se muito infeliz. Na escola, terá sempre um bom convívio com a maioria dos colegas, até mesmo os de outras séries.

Outra característica é a de que é muito prestativa. Está sempre pronta para carregar o material do professor, para pegar algum objeto que o professor precise, mesmo que esse objeto esteja fora da classe e que se tenha de andar muito para buscá-lo.

É uma criança muito "tagarela" e, desse modo, é comum compartilhar com a classe experiências vivenciadas nos finais de semana. Não se intimida em interromper o professor que está explicando a matéria para ilustrar o assunto, com exemplos de situações vivenciadas por ela, pois é o tipo de criança que adora estar em evidência.

Mesmo apresentando esse comportamento que, num primeiro olhar, parece ser o de uma "criança mandona", ela não costuma ter atitudes de desentendimento e nem faz inimizades. Como essa inteligência é nata, ela a desempenha com tanta naturalidade que é recebida por seus amigos da mesma forma. É claro que, se num mesmo grupo tiverem duas crianças com essas características, a convivência vai ficar um pouco difícil, mas normalmente elas não se atraem, pois é normal que cada uma tenha sua turma.

No dia a dia, é interessante que não se trabalhe somente essa inteligência nata, e sim as outras que estão menos potencializadas. O professor não terá de se preocupar em trabalhar a inteligência interpessoal, que já está potencializada. Ela, por si só, estará em evidência. É preciso identificá-la para justamente trabalhar as outras menos afloradas, caso contrário, não haveria por que realizar tal descoberta.

É justamente nesse ponto que entra a figura tão importante do professor. Ele vai criar situações que propiciarão o desenvolvimento dessas outras inteligências. O professor terá de ter segurança em relação às suas atitudes e agir com naturalidade para que se torne normal.

Agir dessa forma é fácil? De maneira alguma. <u>**Se fosse uma tarefa fácil, não estaríamos tratando desse assunto aqui e, com certeza, esse procedimento já faria parte do cotidiano de todos os professores**</u>. A intenção é justamente esta: que daqui a alguns anos todos os professores ajam de forma a desenvolver as inteligências dos seus alunos integralmente. O discente que tem potencialidade para a liderança e não foi escolhido para ser líder, com certeza arranjará outra maneira de se fazer atuante. Essa também é uma forma de estímulo, pois a inteligência nata aflora espontaneamente. Por exemplo: se o aluno líder por natureza sempre ocupar o cargo de liderança, se sentirá confortável, e os outros o seguirão comodamente, pois já estão habituados a segui-lo. Não haverá estímulo de nenhum dos lados. Daniel Goleman (1996, p. 136) afirma que "quando duas pessoas interagem, a transferência de estado de espírito ocorre da mais expressiva para a mais passiva".

O ponto principal aqui tratado é justamente o de reconhecer a inteligência que o aluno tem mais aflorada para que sejam estimuladas as inteligências menos potencializadas, pois as natas, normalmente, são estimuladas espontaneamente. Lev Vygotsky (2000, p. 65) afirma que atividades conscientes são, na verdade, reações a estímulos internos que surgem como reações a estímulos externos.

Na adolescência

Quando adolescente, o interpessoal anda sempre em turma e tem mais de um(a) melhor amigo(a). Na maioria das vezes, é muito namorador e pode ter certeza que será ele que fará parte da comissão de formatura liderando os preparativos.

Quando se posiciona contra alguma situação, tem facilidade em coordenar protestos e faz valer tanto sua inteligência interpessoal quanto sua habilidade de comunicação verbal para conseguir adeptos. Dificilmente desiste no meio do caminho, mesmo diante de grandes dificuldades. Vive todas as situações com as quais se depara com grande intensidade. Muitas vezes, dá importância exagerada a simples atos e fatos. Costuma ser aquele tipo de adolescente adorável, que deixa os pais com insônia.

Inteligência interpessoal

O professor deve agir com muita firmeza para conseguir trabalhar os alunos com a inteligência interpessoal potencializada. Eles sabem como usar os recursos que essa inteligência favorece para atingir seus objetivos. **O fato de o professor agir de modo a motivar outras inteligências no adolescente com a inteligência interpessoal potencializada poderá passar a imagem de que não simpatiza com ele.** O aluno poderá pensar que está sendo perseguido porque o professor não o nomeou para líder do grupo, não o chamou para interagir em primeiro lugar, e assim por diante. Nesse caso, é muito importante a parceria entre a escola e a família, pois esta poderá dar o respaldo que o professor precisa, trabalhando em parceria, na mesma linha de conduta, tendo o mesmo objetivo.

O adolescente com a inteligência interpessoal potencializada tem predileção por esportes coletivos, uma vez que sabe bem como entender o colega de time e perceber o time adversário, além de deter a liderança.

O interpessoal tem vocação para seguir profissões que atuem diretamente com o público. Costuma se sentir à vontade diante de plateias, palcos ou qualquer situação de destaque em que possa utilizar seu potencial e interagir com as pessoas.

As principais profissões para esse tipo de inteligência:

Professores, políticos, terapeutas, advogados, atores, esportistas, vendedores, diplomatas, apresentadores, líderes religiosos, médicos, dentistas, psicólogos e outras que favoreçam o contato direto com o público.

4

Inteligência corporal-cinestésica

Diante do conhecimento das características do "eu" e do "nós", ou, melhor dizendo, das inteligências intrapessoal e interpessoal, vale ressaltar o que Howard Gardner (1994, p. 187) nos diz: "Sob circunstâncias comuns, nenhuma das duas formas de inteligência pode desenvolver-se sem a outra". Dito isso, passaremos a analisar, neste capítulo, como o nosso corpo interage com os estímulos externos para adquirir conhecimento.

Inteligência corporal-cinestésica é, portanto, a capacidade de usar o corpo, ou parte dele, em situações específicas. O aprendizado está intimamente ligado à ação corporal. O indivíduo não consegue se expressar sem movimentar o corpo, independente da situação em que se encontre. Os gregos, que sempre cultuaram a beleza e sempre buscaram a perfeição no desenvolvimento das habilidades corporais, para Gardner (1994, p. 161): "De forma mais abrangente, eles buscaram uma harmonia entre mente e corpo, com a mente treinada para usar o corpo adequadamente e o corpo treinado para responder aos poderes expressivos da mente"

Inteligência corporal-cinestésica

Consequentemente, esse tipo e inteligência também necessita da movimentação corporal para entender as explicações, pois somente ouvir ou ver não é suficiente para que ocorra o processo cognitivo. O indivíduo corporal-cinestésico precisa desse movimento, do pegar e do sentir o objeto em foco.

É por intermédio do corpo que vemos, ouvimos, sentimos sensações, gostos, aromas e, também, aprendemos. É com o corpo que expressamos/desenvolvemos nossas emoções, nossas doenças, nossas dificuldades, nosso conhecimento, e é por meio dele que nos comunicamos, que nos mostramos vivos. Esse corpo requer cuidados para permanecer vivo. Precisa ser alimentado tanto organicamente quanto afetivamente. É por meio dos cuidados afetivos que estimulamos as inteligências intrapessoal e interpessoal, e por consequência, observamos a evolução tanto daquele que recebe os cuidados quanto daquele que cuida.

Com esse raciocínio, podemos perceber que essas inteligências estão interligadas e que o veículo usado para transportar e fazer essas inteligências acontecerem é o corpo. Porém, ele sozinho não é suficiente, pois se não for exposto às condições externas que o estimulem, o seu desenvolvimento não ocorrerá. Quanto mais diversificado for o ambiente e quanto mais estímulo receber, mais se fará presente.

Gardner (1994), na sua teoria das inteligências múltiplas, afirma que sem estímulo a inteligência pode atrofiar, mesmo em pessoas aparentemente superdotadas em determinada inteligência. Quanto mais diversificado for o ambiente, quanto mais atuante e criativo o mediador, melhor será o desempenho das inteligências.

O psicólogo ainda afirma que:

> O corpo é mais do que simplesmente uma outra máquina, indistinguível dos objetos artificiais do mundo. Ele é também o recipiente do senso do eu do indivíduo, seus sentimentos e aspirações mais pessoais, bem como a entidade à qual os outros respondem de uma maneira especial devido às suas qualidades singulares humanas.
> (Gardner, 1994, p. 183)

O professor em sala de aula necessita usar de recursos corporais-cinestésicos para falar a linguagem do aluno que tem essa inteligência nata. Para prender a atenção de um aluno corporal-cinestésico, a aula deve ter o seu lado prático, concreto. Esse aluno tem de experimentar, sentir, pegar, cheirar, praticar, andar, apalpar, vivenciar, enfim, explorar tudo o que está sendo ensinado. Caso contrário, o processo de aprendizagem poderá não acontecer.

O professor, ao preparar sua aula, tem que ter o comprometimento de usar sempre as três linguagens: visual, auditivo e cinestésico, como já vimos no capítulo 1, ao tratarmos dos canais de comunicação, independente de qual seja a inteligência a ser ressaltada.

Em se tratando do aluno com a inteligência corporal-cinestésica potencializada, o professor terá de trabalhar o tema em pauta utilizando recursos concretos, além de requisitar a participação ativa desse aluno. Quanto mais ele participar, melhor será o seu aprendizado. Se a aula for puramente expositiva, pode ter certeza de que ele entenderá muito pouco do que foi explicado.

Essas afirmações não vão contra qualquer método de ensino ou linha pedagógica. Pelo contrário, esses procedimentos independem deles, pois são perfeitamente adaptáveis.

Para estimular as inteligências, o professor, após identificá-las, precisa somente de criatividade, e isso não se compra, exercita-se. Assim, propor atividades diferenciadas, jogos e estratégias criativas não envolvem custos ou despesas com a compra de materiais, e é aplicável a todos os alunos, independente da idade ou do nível escolar a que pertença.

A inteligência corporal-cinestésica também deve ser constantemente estimulada no caso de atletas, em que o exercício constante opera progressos no desempenho, fazendo com que supere seus próprios recordes.

Ao analisarmos uma partida de futebol, uma corrida de São Silvestre ou, até mesmo, uma disputa de triatlo, verificamos que todos que ali estão competindo têm a inteligência corporal-cinestésica potencializada. Porém, constatamos que o desempenho de um é melhor que o de outro. Isso ocorre certamente porque um treinou mais que o outro. Caso o competidor, que não obteve as primeiras colocações ou que não se desempenhou bem na partida, se proponha a treinar igual ou mais que o primeiro colocado, conseguirá, com certeza, um desempenho melhor na próxima competição. Esses são os estímulos que levam um competidor a se sentir motivado para treinar muito mais, para que na próxima competição consiga vencer seus próprios limites.

Quando bebê

O bebê corporal-cinestésico é aquela criança irrequieta, que se contorce no berço, não para quieta no colo, fica se jogando para trás; aquela que, quando está no colo, quer ir para o chão e quando está no chão quer colo. Na verdade, ela está se apropriando do seu corpo e de todas as sensações que ele lhe pode propiciar. Ela percebe que é capaz de muitos movimentos, como se esticar, se jogar para trás, se encolher, entre muitos outros.

É muito perigoso deixar sozinho um bebê corporal-cinestésico em cima do trocador enquanto se afasta por segundos para pegar, por exemplo, a fralda que ficou em cima da cama. Esse lapso de tempo é suficiente para que o tombo aconteça. Ele é muito rápido, pois sente prazer em se movimentar. O rolar de um lado para o outro é praticado com muito mais intensidade do que por um bebê com essa inteligência menos potencializada.

Normalmente, esse bebê prefere chupar o dedo em vez de chupeta, pois isso lhe proporciona um prazer muito maior. Para dormir, desenvolve hábitos como esfregar a ponta da fralda no nariz, ficar amassando a "fralda de cheiro" ou o cobertor com as mãos, mexer na orelha e tantos outros. Alguns, enquanto chupam o polegar, movimentam o indicador de um lado para o outro na ponta do nariz. Esses são alguns exemplos entre tantos outros hábitos que caracterizam essa inteligência. O movimento faz parte da aprendizagem e é uma forma de comunicação.

Inteligência corporal-cinestésica

Desde cedo, é muito importante que o bebê seja estimulado a ser independente, ou seja, que consiga desempenhar algumas atividades sozinho, tomando, assim, consciência do seu próprio corpo. O bebê corporal-cinestésico responderá com mais facilidade a esses estímulos. Logo aprenderá a segurar sozinho a mamadeira e tentará se levantar no berço se apoiando na grade e, até mesmo, achará a chupeta, caso faça uso dela, e a colocará na boca.

O bebê corporal-cinestésico costuma arrancar lacinhos e bonés da cabeça, tirar sempre as meias, o sapato, até mesmo a roupa toda, pois, fazendo isso, está descobrindo o que pertence ao seu corpo e o que vem do mundo externo.

Costuma agir com o corpo todo diante de fatos que lhe proporcionam tanto alegria quanto irritação. Surgem então as famosas "birras", que acontecem em situações importantes, bem como nas situações mais banais, sem qualquer critério de prioridade. Na verdade, o foco principal é o seu desejo realizado, e a maneira que a criança encontra para comunicar isso é por meio do corpo. <u>**Quanto mais sua vontade for atendida pela birra, mais birra a criança fará, afinal, a tática está dando certo**</u>.

Quando é contrariada, também poderá usar de outros recursos, como bater com a cabeça nas grades do berço ou no chão em forma de protesto. Por não ter consciência de que essa atitude lhe provoca dor, mesmo chorando, continua com o mesmo comportamento. Já diante de situações que provocam alegria, sacode os braços, as pernas, balança a cabeça de um lado para o outro, pisca os olhos, coloca a língua para fora da boca e sorri muito.

Todos esses comportamentos são formas que o bebê com a inteligência corporal-cinestésica potencializada encontra para se comunicar.

Utiliza a careta como meio de comunicação, indicando que alguma coisa não está bem, e o adulto reforça essa comunicação quando interpreta a mensagem corretamente. Ao perceber que o bebê está fazendo caretas vai ao seu "socorro", assim sendo, todas as vezes que sentir alguma dor ou alguma indisposição, ele fará caretas, pois, quando ele sorri, nem sempre o adulto vai ao seu encontro. Com esse sistema de ação e reação, vai se estabelecendo a comunicação entre a criança e o mundo social.

O bebê corporal-cinestésico sente uma necessidade muito vigorosa de pegar nos objetos para conhecê-los. O professor e os pais, diante dessa característica, têm de desenvolver uma postura firme e constante em face da atitude de impor a própria vontade da qual o bebê faz uso. Uma situação muito comum, principalmente na relação entre pais e bebê: o bebê está diante de uma mesinha de centro com vários enfeites. Ele estica o braço para pegar um deles e sua mãe diz "não". Ele interrompe o movimento e olha para a mãe. A seguir, tenta novamente e sua mãe diz "não". Na terceira vez, a mãe finge que não está olhando e o bebê pega o enfeite. Ela continua a observá-lo disfarçadamente. O bebê analisa o enfeite e, satisfeita sua curiosidade, atira-o longe, fazendo-o em muitos pedaços. Então a mãe grita "eu falei que não era para pegar", e mais um monte de frases as quais o bebê só entende que é um momento ruim em razão do tom agressivo da voz. Assustado, começa a chorar. A mãe, então, arrepende-se, pega-o no colo e lhe faz carinho.

Agora a pergunta: Qual dessas atitudes o bebê vai entender como sendo a correta para essa experiência? <u>Nenhuma</u>, afinal, foram inúmeras informações controversas. É por essa razão que a atitude dos pais, diante desses comportamentos tem que ser firme e constante. Se falou "não" é "não". Não espere ele tentar novamente. Dê a ele um brinquedo, pois este ele pode pegar e brincar. Diga-lhe que o enfeite é da mamãe e que o bebê não pode pegar.

Deve existir uma clareza na comunicação para que a criança se sinta segura e saiba como deve se comportar.

Na educação infantil

Na educação infantil, essa criança é propensa a morder, a beliscar e a puxar o cabelo dos amiguinhos, e tudo isso como forma de comunicação. Quando quer algum brinquedo e não lhe é dado, ela usa esse meio de comunicação para conseguir.

Tem necessidade de pegar tudo que encontra pela frente e leva tudo à boca para sentir todas as sensações (prolonga a fase oral). É uma criança propensa a enfiar feijões no nariz, na orelha, e mesmo a engolir os mais variados objetos.

A criança com a inteligência corporal-cinestésica potencializada, do primeiro ano em diante, ao ser contrariada, irá se jogar no chão e fazer birra. É claro que muitas crianças se comportam assim, porém, o que difere o corporal-cinestésico dos outros é que esse comportamento é muito mais difícil de ser contido. Além disso, é um comportamento que será estimulado se a criança tiver "suas vontades" atendidas sempre que se comportar assim.

Na pré-escola, normalmente não fica sentada e quando vai falar com a professora fica pulando no mesmo lugar ou movimentando os braços e sacudindo as mãos. Tudo que a professora mostra, imediatamente, ela pede para pegar. Na maioria das vezes, já se levanta e vai de encontro ao objeto para colocar a mão. Quando lhe é dada a oportunidade, a criança analisa minuciosamente o objeto.

É uma criança que adora sentar no colo, dar e receber muitos beijos. Enquanto desfruta do "colinho", fica mexendo no cabelo, na orelha, faz carinho na face, mexe em correntes ou brincos de quem lhe está dando esse mimo. Quando está com outros coleguinhas, adora brincar de pentear o cabelo, de passear de mãos dadas, de brincar na areia, enfim, todas as brincadeiras que proporcionem uma sensação tátil.

No fundamental I

No fundamental I, é muito difícil que o aluno corporal-cinestésico se mantenha sentado na carteira, principalmente nas séries iniciais. Fica percorrendo a classe de um lado para o outro ou, então, de pé, em frente a sua própria carteira. Quando lhe é chamada a atenção para que permaneça sentado, ele fica por algum tempo, sempre mexendo em alguma coisa, mas não demora muito e já está de pé novamente. A sua maneira de prestar atenção é essa. Ele não tem necessidade de

Inteligência corporal-cinestésica

olhar para a professora. Na verdade, para ele manter a concentração, deve ter algum objeto na mão.

Ao analisar o comportamento desse aluno, a primeira ideia que se tem é a de que ele está com o pensamento distante e não está prestando a atenção ao que o professor está explicando. A partir do momento que lhe é pedido para interromper o que está fazendo e olhar para o professor para prestar atenção, ele se dispersa e, desse momento em diante, não consegue mais acompanhar a explicação. É por essa razão que, muitas vezes, o professor se surpreende com a nota do aluno corporal-cinestésico, pois, na sua concepção, ele é um aluno disperso. O professor não entende como ele pôde ter entendido se não prestou a atenção, e não percebe, também, que essa é a maneira que esse aluno tem de pestar atenção.

Um exemplo de inteligência corporal-cinestésica pode vir de um relato pessoal, pois tive uma aluna de segunda série que se mexia o tempo todo na carteira. Num determinado momento, ela levantava o braço como se quisesse fazer uma pergunta. "Pode perguntar Sophia", dizia eu, olhando para ela, e ela surpresa respondia: "Perguntar o quê?" Eu então replicava: "Você está com o braço levantado, não quer perguntar nada?" Ela sorria sem graça e dizia que não havia percebido que estava nessa posição. Então, observando sua fisionomia, fui aprendendo a identificar suas intenções, como, por exemplo, quando era apenas um movimento aleatório, ou quando tinha a intenção de fazer a pergunta. Acredito que ficar com o braço levantado lhe proporcionava uma sensação boa, pois trazia no olhar a atenção e o interesse.

Na adolescência

O adolescente com a inteligência corporal-cinestésica potencializada continua irrequieto. Ele permanece sentado em sala de aula, porém, fica balançando o pé freneticamente apoiado na carteira do colega da frente, deixando-o irritado. Caso sente embaixo da janela, fica segurando a cortina o tempo todo ou abrindo e fechando a persiana, dependendo do que há na sala. Ao sentar-se no meio da classe, longe de qualquer coisa que possa ficar mexendo, ele virará para trás e mexerá nos objetos do colega, além de ficar conversando, enfim, é um aluno que o tempo inteiro lhe está sendo chamada a atenção. Não sabe conversar sem tocar na pessoa ouvinte, seja ajeitando-lhe a roupa, tirando algum fiapo ou dando-lhe tapinhas de "presta atenção". Para esse tipo de adolescente, ficar dentro da sala de aula e ter que permanecer parado por horas é uma situação ruim. Para demonstrar sua insatisfação, ele reage falando o tempo inteiro, fazendo piadas, dando risadas altas, enfim, chamando a atenção para si e tumultuando a classe.

Fora da classe seu comportamento não é diferente. Não consegue ficar parado, tem de mexer com todo mundo que passa perto dele, não importando a que série pertença. Em razão disso, podemos afirmar que o corporal-cinestésico é simpático e muito querido por todos. É espontâneo, prestativo e normalmente muito alegre. Está sempre rodeado de pessoas, mantendo-se sempre em evidência, o que o deixa muito feliz. Dificilmente se aborrece quando lhe chamam a atenção. Não é rancoroso e não costuma ficar emburrado.

Por aprender menos ao ouvir e mais ao fazer, tem uma ótima conexão entre corpo e mente. Tem facilidade em se sintonizar com diferentes habilidades físicas, como praticar esportes, dançar, interpretar, fazer mímica. Possui um ótimo senso espacial e sua noção de lateralidade é perfeita. Destaca-se nos esportes tanto na desenvoltura física quanto na sintonia com os demais jogadores. Sabe como aproveitar um deslize do time contrário em favor do seu próprio time. Tem essa perspicácia aflorada.

As principais profissões para esse tipo de inteligência:

Atores, atletas, mímicos, dançarinos, artistas circenses, artesãos, artistas plásticos e tantas outras que utilizam o corpo como forma de se expressar.

5 Inteligência espacial

Orientação espacial, como o próprio nome já diz, é a capacidade que o indivíduo tem em se situar e se orientar em relação aos espaços que os objetos, as pessoas e seu próprio corpo ocupam.

Com esse senso desenvolvido, ele saberá quando um objeto está longe ou perto, igual ou diferente, em cima ou embaixo, entre dois objetos, em volta de, à sua direita ou à sua esquerda.

O indivíduo com a inteligência espacial potencializada percebe o mundo de uma forma precisa em toda sua plenitude. Não é condição *sine qua non* que ele veja o local antecipadamente para saber sua localização. Howard Gardner (1994, p. 135) afirma que, quem tem essa inteligência potencializada, tem a "capacidade de perceber o mundo visual com precisão, efetuar transformações e modificações sobre as percepções iniciais e ser capaz de recriar aspectos da experiência visual, mesmo na ausência de estímulos físicos relevantes". Um grande exemplo de indivíduos com essa inteligência potencializada são os antigos navegantes que, navegando "por mares nunca d'antes navegados" (Camões, 2006: Canto Primeiro, 1º) chegavam exatamente ao destino proposto. Foram eles os responsáveis pela confecção de minuciosos mapas e cartas de navegações. Confiantes na orientação do Sol, nas estrelas e sendo profundos conhecedores das correntes de ventos dominantes no Atlântico Sul, enfrentavam mar aberto em suas viagens sob a orientação do Cruzeiro do Sul. Por meio dessas informações visuais iniciais, administravam distâncias e pontos de referências.

O mesmo acontece quando desejamos ir a uma cidade nunca visitada e recebemos informações de como devemos proceder para chegar ao destino proposto. Tendo a inteligência espacial bem desenvolvida, seguiremos as instruções e chegaremos com sucesso. Caso contrário, iremos nos perder no caminho e teremos de dar muitas voltas até chegarmos ao nosso destino.

Há situações em que essa habilidade é estimulada em razão de uma deficiência visual. Nesse caso, a imagem é construída por uma impressão tátil. A pessoa deficiente visual obtém as impressões do objeto por meio do tato e manda essas informações para o cérebro que constrói, por meio da inteligência espacial, o seu formato: "parece preferível falar da inteligência espacial sem ligá-la inextricavelmente a qualquer modalidade sensorial específica" (Gardner, 1994, p. 135).

Podemos dizer que a inteligência espacial possui capacidade de lidar tanto com grandes espaços, como foi o caso das expedições marítimas, quanto com espaços mais reduzidos, como nos casos dos deficientes visuais. Esse tipo de inteligência é responsável pelo indivíduo saber se orientar mediante mapas e para que consiga, estando na rua, voltar para casa. Há pessoas que, por não terem a orientação espacial aflorada, não tem senso de direção; quando entram em uma loja, por exemplo, ao saírem, não sabem identificar de qual direção vieram, se da direita ou da esquerda. O mesmo acontece quando, em uma rodovia, deparam-se com um desvio. Na segunda curva já não sabem para que direção deverão ir.

Os espaços que os objetos ocupam e suas formas são itens vinculados à essa inteligência. Uma pessoa, após visualizar uma sala mobiliada, conseguirá reproduzi-la mentalmente, na íntegra, com todos os seus detalhes. O mesmo acontece na reprodução de desenhos e de maquetes. Normalmente, pessoas com inteligência espacial potencializada são boas caricaturistas e retratistas.

Os escultores costumam ter essa inteligência nata, uma vez que visualizam sua obra pronta mesmo antes da primeira martelada. Michelangelo (1474 – 1564), quando questionado sobre a perfeição de suas esculturas, sobre a simetria impecável, a perspectiva e harmonia das formas, dizia: "A escultura já está dentro do mármore, eu apenas a liberto".

É por meio da inteligência espacial que se consegue calcular a distância que o copo de suco, apoiado na mesa de jantar, está em relação ao corpo do indivíduo, e qual a distância que a mão dele terá que percorrer para apanhar o copo sem que o derrube (inteligência espacial em sincronismo com a inteligência lógico-matemática).

Ao fazer compras em um supermercado, movimenta-se com desenvoltura, pois tem a noção exata de onde encontrará as mercadorias. A inteligência espacial lhe oferece requisitos para que associe a mercadoria à sua seção.

O indivíduo com a inteligência espacial aflorada tem uma visão holística, por essa razão, tem ótimo desempenho nos jogos de xadrez e para montar quebra-cabeças.

Quando bebê

O bebê ocupa o lugar onde é colocado, porém, permanece lá até que o mudem de espaço. Muitos bebês, ao serem colocados na banheira para tomar banho ou mesmo no berço, levantam os bracinhos e se assustam, pois têm a sensação de que irão cair. Os bebês que têm a inteligência espacial potencializada dificilmente têm essa sensação.

A criança que, ao engatinhar brincando com a bola, a faz rolar distanciando-se dela, tendo a inteligência espacial potencializada engatinha atrás da bola até pegá-la. O bebê que não tem essa inteligência potencializada, ao ver a bola se distanciar, senta e fica olhando para ela em vez de ir buscá-la, chegando, muitas vezes, a se esquecer da bola, preferindo o brinquedo que está mais próximo dele.

Com a inteligência espacial potencializada, o bebê, mesmo antes de completar um ano, ao ganhar um boné, já sabe que é para colocá-lo na cabeça, se for óculos, sabe que é para colocá-lo no rosto, que a meia é para ser colocada no pé e assim por diante. Basta que tenha vivenciado essa situação uma única vez. Ele também identifica que aquela mala preta é do papai, reconhece o carro da mamãe quando vê um carro igual na rua, sabe que aquela bolsa é da titia e que aquele chinelo é do vovô.

A criança de um ano com inteligência espacial potencializada reconhece o próprio quarto, seus brinquedos e, mesmo quando fica algum tempo fora, ao chegar a sua casa, dirige-se exatamente ao local onde está guardado o brinquedo de que tanto gosta. O mesmo ocorre na casa da vovó. Assim que chega, corre em direção ao pote onde estão guardadas as balas. Imaginemos, então, que um belo dia a vovó mude o pote de lugar e que a criança não o encontre. Mesmo depois de muito tempo, ao ver o pote em outro lugar, a criança identificará que é nele que estão guardadas as balas.

Na educação infantil

Na educação infantil, a criança com inteligência espacial potencializada sabe exatamente onde tudo é guardado. Sabe identificar a mochila e a lancheira de todos os seus amiguinhos, a escova de dentes que cada um usa, a caixa que cada um guarda seus pertences. Sabe qual é a sua caixa de lápis de cor, mesmo que a de seus coleguinhas seja da mesma marca, porém ele sabe identificá-la em razão de algum detalhe, muitas vezes, nem observado pela própria professora. Um colega pode levar uma única vez um determinado brinquedo à escola que, a criança, ao rever esse brinquedo em qualquer outro lugar, irá associá-lo ao dono. O mesmo acontece com os jogos de montar: uma única peça esquecida no chão da escola, e só de olhá-la, a criança já identifica a qual jogo pertence. Sabe, também, identificar qual o caminho percorrido da sua casa até a escola e vice-versa. Se incentivado a demonstrar, indica com pormenores todas as ruas que se deve seguir ou virar até chegar ao seu destino.

Inteligência espacial

A criança com a inteligência espacial potencializada tem propensão a ter amigo imaginário. Conversa, brinca, briga, convida, discute, ri com esse amigo que, na sua imaginação, existe. À medida que cresce, refugia-se em aventuras imaginárias. Conta as proezas de seus personagens, envolta em tanta riqueza de detalhes que é como se eles realmente existissem.

Adora desenhar. É muito criativa a costuma ter uma visão ímpar das coisas. Dá um colorido personalizado aos seus desenhos, pois expressa o que vê de maneira muito particular, tendência essa que costuma acompanhá-la pela vida toda. Dispõe os desenhos na folha de forma equilibrada (dentro da evolução do grafismo) em razão da visão holística que a inteligência espacial lhe propicia. Raramente fará um desenho no canto da folha deixando o resto em branco. Tem noção de ocupação de espaço e sua perspectiva, normalmente, é perfeita. A forma como irá colorir também é muito particular. **Um bom exemplo dessa inteligência é o artista espanhol Pablo Picasso, o colorido de suas telas retrata como sua visão de mundo era diferente do colorido visto por nós.**

A criança de educação infantil que não tem a inteligência espacial potencializada costuma colocar o copo na beira da mesa, bem como o pote do lanche e por essa razão, tende a derrubar o lanche e o suco. Também não se localiza na mesinha onde desempenha as atividades. Sua folha está sempre em cima da folha do colega. Quando desenha a si próprio ou pessoas da sua família, leva mais tempo para notar a presença dos membros. Ao perceber que todos têm pernas e braços, desenha pernas muito compridas e braços muito curtos. Dificilmente desenha as mãos, o nariz e as orelhas. Sua evolução no grafismo é muito mais lenta.

Quanto ao desenho de uma criança com inteligência espacial potencializada, por mais abstrato que seja, ela sempre saberá qual foi a sua real intenção. Normalmente, na escola de educação infantil, a professora costuma escrever no verso do desenho qual foi o propósito do autor. Mesmo que este esteja na adolescência, ao ver o desenho e ser perguntado sobre o que desenhou, ele dirá exatamente o que está registrado no verso.

O professor, para estimular a inteligência espacial, deverá propor exercícios como: andar sobre uma linha no chão, pular num pé só, exercícios de equilíbrio, fazer traçados em espaços limitados e dirigidos, exercícios de sequência lógica, quebra-cabeças, blocos de empilhar na sequência progressiva e regressiva de tamanho, torre de Hanói, jogo de argolas, pular corda, pular amarelinha, acertar a boca do palhaço, sequenciar histórias e muitos outros. **A cada progresso realizado pela criança, o elogio como estímulo tem que se fazer presente.**

No fundamental I

No Fundamental I, a criança com a inteligência espacial potencializada é excelente em interpretação de texto, em criar maquetes, fazer esboços. É muito detalhista, caprichosa, sensível e criativa, pois sua percepção visual é muito aguçada. Porém, num determinado momento, pode se transportar para um mundo imaginário e se desligar do mundo real. Há vezes em que o professor está explicando a matéria e, de repente, percebe, pelo olhar, que seu aluno com inteligência espacial não está mais na sala de aula, pois já "se perdeu em pensamentos". Precisa chamá-lo, às vezes, mais de uma vez, para que retorne à aula. Há alunos que se sentem mais confortáveis no seu mundo imaginário do que na sala de aula, e isso se torna um problema, pois não escutam nada do que o professor diz. Por isso, esse tipo de aluno deve ser muito motivado para que se interesse pelo assunto e não "retorne ao mundo da lua". Trata-se de um aluno inteligente, mas que se perde em razão de se "desligar" do mundo terrestre.

Parece uma incongruência, pois da mesma forma que está atento a tudo o que há ao seu redor, de repente se desliga e fica alheio, inclusive não escutando e não respondendo a nenhum estímulo. É um aluno que precisa de motivação e de que o professor utilize a linguagem cinestésica para lhe manter a atenção.

Um exemplo de comportamento de aluno com a inteligência espacial aflorada é de que quando está desenvolvendo alguma atividade como o desenho, uma maquete ou outra atividade do gênero ao trabalhar, desempenha o trabalho com muita eficácia, porém não se importa com o que acontece à sua volta, conservando-se "nas nuvens". Se a atividade é realizada em grupo não se incomoda com a falta de participação dos outros componentes.

É muito perceptivo em relação a mudanças. Logo percebe quando alguém corta o cabelo, muda o penteado, pinta as unhas de cor diferente da habitual, veste-se com um modelo informal, ou quando algum móvel muda de lugar na sua casa ou em outro ambiente que frequente.

Nas séries iniciais, o **aluno que não tem a inteligência espacial potencializada sente muita dificuldade em se situar em suas próprias anotações**. Há aquele que escreve somente no centro da folha durante toda a lição. Alguns escrevem no centro do caderno utilizando a folha do lado direito e do lado esquerdo ao mesmo tempo. Sua letra muitas vezes é enorme. Ao responder aos exercícios na apostila, ocupa um espaço dez vezes maior que o reservado, amontoando as respostas uma em cima da outra. No caderno, age da mesma maneira, suas lições são feitas sem qualquer ordem. Sua letra imensa ocupa várias linhas e os exercícios ficam grudados uns nos outros. Essa dificuldade de se localizar no caderno deve ser trabalhada, e muito, pelo professor. Além de exercícios e brincadeiras como sequência lógica, jogo de dominó, jogo da velha e outros do gênero, o professor tem de orientá-lo de forma a situar-se no caderno. Deverá chamar-lhe a atenção para a linha vermelha, que se encontra no lado esquerdo do caderno. Essa linha servirá de orientação para quando iniciar a escrita. Deverá instruí-lo de que sua letra terá que ir diminuindo de tamanho para que caiba no espaço designado no caderno. Terá de trabalhar de forma personalizada, ajudando-o a superar essa dificuldade. Isso, na verdade, deveria ter sido trabalhado na educação infantil para que, quando chegasse a essa fase, já tivesse se apropriado dessa habilidade.

Trabalhar a lateralidade é de fundamental importância, sempre. Há aluno que inicia a escrita no caderno da direita para a esquerda. Há aquele que, quando acaba a folha, chega a escrever na carteira, sem se dar conta de que poderia continuar na página seguinte. Outro aluno fica desesperado porque a página acabou e até chora porque não sabe como continuar. Há aluno que, ao continuar a lição na folha seguinte do caderno, não percebe que várias páginas juntas foram viradas, e continua a escrever. Na próxima aula, ao abrir o caderno,

Inteligência espacial

começa a fazer a lição nessas folhas que ficaram em branco. Só irá perceber o que aconteceu quando se deparar com as páginas que foram escritas anteriormente. Isso o atrapalhará muito na hora em que for estudar, pois as lições ficam interrompidas e sem nexo. Também sente dificuldades em se situar no texto escrito na lousa. Ao copiar, irá pular várias palavras, às vezes frases inteiras, alterando o conteúdo e dificultando o seu estudo.

O aluno sem a inteligência espacial aflorada também apresenta dificuldades em identificar dezena, centena e milhar. Essa dificuldade se estende ao posicionamento dos números quando for armar as contas. A falta de lateralidade e de noção espacial dificultará o processo de dispor os números da centena, dezena e unidade da segunda parcela embaixo dos números da centena, dezena e unidade da primeira parcela, alterando o resultado. Nos casos da subtração, por não ter consciência do que está em cima e do que está em baixo e nem de quantidade, acaba colocando o número menor na primeira parcela, tornando a subtração impossível.

Muitas vezes, imagina-se que a criança não entendeu o processo da adição e da subtração, quando, na verdade, a dificuldade está na falta de noção espacial e na lateralidade.

A falta de lateralidade também colabora para que o aluno se confunda quanto a posição das letras e dos números, não sabendo distinguir entre **b** e **d**, **p** e **q**, **ou** e *on*, 62 e 26, 69 e 96.

O aluno com inteligência espacial pouco potencializada deverá ser muito estimulado por meio de jogos e brincadeiras como forca, palavras cruzadas, jogo da memória, sequência lógica e outras atividades, além de ter o estímulo, a mediação e a dedicação constante, em sala de aula, do professor.

Na adolescência

O adolescente com inteligência espacial nata é um grande sonhador. Adora ler contos amorosos e se imaginar como um dos personagens. Normalmente, identifica-se com o personagem apaixonado(a) que sofre de amor e luta para conseguir o amor do ser amado. Quando assiste a um filme romântico, cujo enredo é triste, é provável que chore e se sinta triste por alguns dias, imaginando estar na mesma situação. Sofre tanto quanto demonstrou sofrer o protagonista do filme. Em compensação, se o filme é de aventura, com certeza ele será o desbravador, o "mocinho" que consegue resolver todos os problemas e é aclamado por todos.

É propenso a amores platônicos e a sofrer imensamente por isso, até que descubra um amor maior.

Quando se trata de um rapaz com inteligência espacial potencializada, sua namorada pode se sentir privilegiada, pois ele irá reparar em cada roupa que ela colocar e sempre fará um elogio. Irá perceber que penteou o cabelo para o lado contrário, que usou um tipo de esmalte inédito, e assim por diante. Ele saberá como trabalhar o ego da sua namorada de maneira sincera, natural e espontânea.

Indivíduos com essa inteligência nata também adoram inventar receitas culinárias, que ficam deliciosas, uma vez que possuem uma visão excelente de resultado. O mesmo acontece na pintura, na escultura, no projeto de uma casa ou com os cirurgiões plásticos. Estes, antes mesmo de iniciarem o trabalho, já conseguem visualizar tridimensionalmente o resultado.

Também costumam ditar moda, pois têm um gosto excêntrico e não se intimidam em se vestir de modo completamente diferente. Possuem um vocabulário próprio, criando muitas vezes bordões que acabam sendo repetidos pelos colegas. Dificilmente imitam alguém. São pessoas de muita personalidade.

O ser humano, na medida em que cresce e se desenvolve, passa a ter o espaço que seu corpo ocupa ministrado concomitantemente pelo cérebro. Ele informará qual a distância entre um passo e outro ao andar, o quanto precisará levantar o pé para subir o degrau de uma escada, e assim por diante. A isso, chamamos de *orientação espacial*.

Quando o adolescente cresce muito rápido, tornando-se extremamente alto num espaço de tempo muito curto, a sua orientação espacial acaba se desenvolvendo mais lentamente. Com isso, inúmeras situações constrangedoras acontecem, pois a orientação espacial conserva-se ainda na realidade anterior. O cérebro não consegue calcular com exatidão o espaço real que o corpo e seus movimentos precisarão ocupar nessa nova realidade. Será preciso estimular a noção espacial, que ainda conserva as orientações anteriores de tamanho. Com isso, o adolescente se torna um "desastrado", esbarrando e derrubando tudo que esteja ao seu redor. Ao se aproximar de uma pessoa, pode pisar-lhe no pé, uma vez que a informação de ocupação espacial que recebeu do cérebro ainda é do tamanho anterior do seu próprio pé. Pode, também, ao enroscar os pés nas "pernas" de mesas e derrubar objetos de cima delas. O mesmo acontece com o tamanho da mão e a distância que ela tem que percorrer para alcançar um determinado objeto. Se está conversando em um grupo de amigos, gesticula tão desengonçadamente que acaba atingindo alguém que está à sua volta, não conseguindo calcular a distância correta que deveria ter em relação ao seu gesto.

O adolescente que não tem a inteligência espacial potencializada não sabe dispor harmoniosamente do espaço ao andar, correr ou dançar. Ao correr, o faz em zigue-zague, o que lhe dá um ar desengonçado. Ao andar, acaba por tropeçar com facilidade e, ao dançar, torna-se descadenciado.

Já o adolescente que tem a inteligência espacial aflorada, quando está disputando uma partida de vôlei, por exemplo, sabe quando deve defender a bola com mais ou menos força para surpreender o adversário e marcar ponto. Sabe calcular o quanto de força usará para dar um saque calculando sua trajetória, direção, distância e velocidade. Enfim, que tipo de saque optará em usar para obter o melhor resultado.

Já o jogador de futebol consegue direcionar o chute de forma que a bola entre no gol. O goleiro que tem a inteligência espacial potencializada consegue visualizar o trajeto da bola e, assim, realizar a defesa. Vence quem usar melhor sua inteligência espacial. Eles têm uma noção perfeita de lateralidade, de tempo e de percurso. Vale dizer que todas essas decisões são tomadas em frações de segundos.

O adolescente que tem essa inteligência potencializada sabe digitar sem olhar para o teclado, toca violão sem olhar para as mãos, o mesmo acontece com o piano, a bateria e outros instrumentos. Também sabe estacionar bem o carro, tudo graças à inteligência espacial potencializada.

O professor dos adolescentes, bem como da educação infantil e ensino fundamental, deve trabalhar incessantemente a estimulação dessa inteligência. Se ela for bem trabalhada desde a educação

Inteligência espacial

infantil, o aluno com certeza não precisará de tanto empenho nos outros níveis e só terá a ganhar, evitando que passe por muitas situações complicadas. Esse conselho não se limita somente a essa inteligência, e sim a todas, pois a educação infantil ocupa um papel importantíssimo nesse fator.

Essa inteligência se associa perfeitamente à inteligência corporal-cinestésica, bem como à lógico-matemática. Podemos dizer que uma completa a outra. Observamos, então, que o aluno com inteligência espacial desenvolvida precisa do concreto para se prender na terra e que a parte teórica propicia a sua ida para "um mundo distante". Veja, com isso, como é importante detectar essa inteligência para que se consiga prender o aluno com interesse no desenrolar do conteúdo.

O aluno que tem a inteligência corporal-cinestésica potencializada precisa do concreto para que o processo cognitivo ocorra, caso contrário, a aprendizagem não acontecerá. É por essa razão que muitas vezes o professor explica $\underline{n}$ vezes, e o aluno não consegue entender. Ele começa seguindo o raciocínio e se perde no meio do caminho. É nesse momento que o professor precisa resgatá-lo e inseri-lo novamente no contexto. Essa é a oportunidade de trabalhar a linguagem cinestésica.

Está aí a importância desse conhecimento para que o professor possa interpretar o jeito de aprender do seu aluno.

Além das sugestões de jogos e brincadeiras sugeridas, podem ser acrescentadas aos adolescentes o *Tangran, Resta 1, Rummikub, Jogo de damas, jogo de xadrez* e outros.

As principais profissões para esse tipo de inteligência:

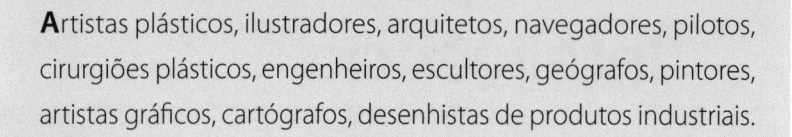

Artistas plásticos, ilustradores, arquitetos, navegadores, pilotos, cirurgiões plásticos, engenheiros, escultores, geógrafos, pintores, artistas gráficos, cartógrafos, desenhistas de produtos industriais.

Inteligência linguística ou verbal

6

A linguagem, desde o nascimento, apresenta posição de suma importância na formação do indivíduo, uma vez que possibilita a interação entre as pessoas, a orientação das suas ações, a construção do conhecimento, o desenvolvimento do raciocínio lógico, enfim, é fundamental para o desenvolvimento do "pensar".

A pessoa que tem essa inteligência potencializada é extremamente "faladeira". Quando vai contar um episódio, começa pelo dia em que nasceu. Normalmente, é uma pessoa que fala sem "vírgulas". Emenda um assunto no outro. Por vezes, distancia-se tanto do tema original, em razão do volume de detalhes e de justificativas, que, muitas vezes, acaba se perdendo sem se dar conta.

Porém, trata-se de pessoa extremamente atenta a tudo o que acontece ao seu redor, correndo o risco de se tornar uma "excelente fofoqueira". Preocupa-se mais em falar do que em ouvir. Seus diálogos acabam tornando-se monólogos.

Essa pessoa tem de estar atenta para não se tornar cansativa. Por ser possuidora da inteligência linguística e a exercitar diariamente, o tempo todo acaba por estimular a memória, pois, para contar tudo o que vê e escuta, ela tem que acionar essas informações da memória e, muitas vezes, faz associações com outros fatos parecidos.

É pessoa que desenvolve a argumentação. Dificilmente perde uma discussão. Usa argumentos quase sempre eficazes, porém, em algumas vezes, também sem embasamento. Mesmo assim consegue contornar, encerrando a discussão como vencedora, pois sabe usar muito bem as palavras e conduzir a interpretação por parte do ouvinte.

Howord Gardner (1994, p. 77) afirma que é importante compreender a "maravilhosa flexibilidade da linguagem – tanto capacitados quanto deficientes – exploram sua herança linguística para propósitos comunicativos e expressivos".

Quando bebê

Muito cedo o bebê emite sons articulados que lhe proporcionam prazer e revelam seu esforço em tentar se comunicar. Dotado de inteligência linguística ou verbal desde cedo, usa a linguagem do choro, do riso, do balbucio de sílabas sequenciadas como "babababa" e, até mesmo, da "manha". É por meio dessa linguagem que ele se comunica e assim obtém o que deseja, mesmo sem pronunciar uma única palavra.

Ao chorar pela primeira vez, o bebê recebe a atenção de sua mãe. Estabelece-se então a comunicação, o "pedido de atenção". Toda vez que ele quiser a presença da mãe, ele inicia um choro "curto" e, em seguida, para e aguarda. Caso ela demore a vir, ele chora "curto" novamente e aguarda. Quanto maior for o tempo que ela levar para atendê-lo, maior será a intensidade do choro até virar um pranto. A mãe, ao aparecer, concretiza a comunicação, e ele para de chorar e sorri.

Há também o bebê que adora um colo. Enquanto está no colo está feliz, mas assim que é colocado no berço, mesmo que esteja dormindo, logo acorda e chora. Tem o bebê que adora dormir passeando de carro. Assim que o carro para, acorda e chora. Quando não quer comer faz graça, bate palmas, vira a cabeça de um lado para o outro, tudo isso para que sua mãe desista de lhe dar comida. Caso ela insista, ele chora. Quando não quer sentar no carrinho, inclina-se para trás e chora, deixando bem clara sua vontade. Quando deseja um determinado brinquedo e lhe é oferecido outro, não o pega e chora.

Todos esses comportamentos são linguagens orais e corporais usadas pelo bebê para se comunicar

Normalmente, bebês com a inteligência linguística ou verbal potencializada são muito chorões, uma vez que essa linguagem, que é a mais eficaz do bebê, propicia um retorno imediato, ou seja, é só ele chorar que é atendido no mesmo instante. Porém, há que se ficar atento, pois existem diversos tipos de choro. Há choros diferenciados que podem indicar dor, fome ou sono.

Desde os primeiros meses, assim que descobre que é capaz de produzir diferentes sons pela boca, o bebê a todo instante faz-se presente como se estivesse conversando ou mesmo cantando. Há situações em que, ao tocar o telefone e a mãe atender, o bebê começa a imitá-la produzindo sons como se também estivesse conversando. Caso a

Inteligência linguística ou verbal

mãe não lhe dê atenção ele vai aumentando a intensidade da voz. Quanto mais ela fala, mais ele emite som.

Há o que, quando está se preparando para dormir, parece cantar para embalar a si próprio.

Ao descobrir que é capaz de gritar, grita o tempo todo. Há bebê que emite os mais diversos sons nas mais diversas intensidades. Alguns se entusiasmam tanto que acabam ficando vermelhos pelo esforço e outros até provocam ânsia de vômito.

O bebê com a inteligência linguística ou verbal potencializada necessita da presença de adultos ao seu lado o tempo todo. É capaz de dormir em meio a muito barulho, como em barzinhos ou mesmo em teatros ou espetáculos.

Ao acordar e ver que está em seu berço no silêncio do seu quarto, começa a "chamar" alguém para ter companhia. Se não é atendido prontamente, irá gritar e, logo em seguida, chorar até que alguém apareça. Dificilmente acordará e ficará brincando no berço com os brinquedinhos que lá estão e, muito menos, brincando com suas mãozinhas. O que esse bebê quer realmente é estar rodeado por pessoas.

Normalmente é muito simpático e comunicativo. Dificilmente estranha pessoas que não façam parte do seu convívio. Começa a falar cedo e é do tipo de criança que raramente fala errado. Como as palavras lhe causam uma sensação agradável, ela as escuta e as reproduz corretamente. Formará frases com mais facilidade e muito antes dos outros bebês que não têm essa inteligência potencializada.

Os que não apresentam essas características devem ser estimulados linguisticamente. Deve-se, ao mostrar cada brinquedo, falar o nome desse brinquedo. Estimulá-lo nomeando as partes do corpo e incentivá-lo a mostrar por meio de brincadeiras como: *Onde está o nariz?*, *Cadê o pé do bebê?* etc.

Ao mostrar figuras de animais, deve-se pedir que ele diga o nome do animal, que imite o som do animal, e assim por diante.

Na educação infantil

Na educação infantil, a criança com a inteligência linguística ou verbal potencializada é muito participativa e tem sempre resposta para tudo. <u>Conta para os pais tudo que fez e o que aprendeu na escola, bem como conta na escola tudo que se passa em sua casa</u>, tanto no que diz respeito a ela quanto aos seus familiares. Adora ouvir histórias e é capaz de memorizá-las e reproduzi-las na íntegra, inclusive usando termos que não fazem parte do seu vocabulário. É criativa, desinibida e autoconfiante. Gosta de cantar, de recitar e de estar em evidência. Vergonha é um sentimento que não faz parte da sua vida. Costuma falar o tempo todo, muitas vezes competindo com a própria professora. Está sempre dispersando a atenção dos demais coleguinhas em razão de falar sem parar. Mesmo brincando sozinha, fala ininterruptamente. É a fase da fala egocêntrica.

Logo, por falar demais, costuma ser fofoqueira, sempre anunciando o que seus amigos estão fazendo, seja o certo ou o errado. Quando repreendida pela professora, pede desculpas e usa o elogio para reverter a situação. A criança com a inteligência linguística ou verbal potencializada precisa da absolvição imediata e não sossega enquanto não é desculpada. Em seguida pede beijos e sorrisos como forma de solidificar as desculpas.

É prestativa e solidária. É ótima companheira para alunos em fase de adaptação, pois é cuidadosa, amiga, e não mede esforços para que a criança pare de chorar e se sinta integrada.

Adora brincar de escolinha. Em casa, coloca suas bonecas na mesma disposição dos alunos da sua classe. Procura se vestir e se pentear imitando a professora e brica de dar aula no período todo em que fica em casa. É capaz de reproduzir tudo que aconteceu na escola no dia anterior. Consegue memorizar nome e sobrenome de todos os alunos da classe. Tem facilidade em decorar letras de músicas e também de aprender outro idioma.

Na educação infantil, a professora pode incentivar o desenvolvimento da inteligência linguística ou verbal contando histórias e pedindo para que os alunos a recontem. Pode trabalhar adivinhas por meio de mímicas, fazendo roda das novidades, mostrando cartazes e pedindo que invente uma história, e muitas outras brincadeiras que propiciam o desenvolvimento dessa inteligência.

No fundamental I

No fundamental I, essas características ficam cada vez mais presentes na criança com a inteligência linguística verbal desenvolvida. Continua tagarela, fofoqueira e está sempre muito bem informada, sabendo tudo o que se passa ao seu redor e ao redor do mundo, exageradamente falando.

Não há como driblar uma criança com a inteligência linguística ou verbal potencializada. Para se conseguir essa proeza, é preciso muita perspicácia e eficácia, pois ela sempre tem argumentos de sobra e os usa sem economia.

Por desenvolver o hábito da leitura, é normal a criança com a inteligência linguística ou verbal potencializada, do terceiro ano em diante, estudar antecipadamente em casa os pontos da apostila. No dia em que a professora vai explicar a matéria, ela, de posse do conteúdo em razão de já ter lido, pesquisado na internet, participa o tempo todo querendo mostrar seus conhecimentos. Muitas vezes, chega até a trazer material impresso feito especialmente para mostrar na aula. O professor tem que estar atento, pois, quando abre espaço na aula para os alunos partilharem suas experiências e opiniões, o aluno com a inteligência linguística ou verbal potencializada pode monopolizar, contando tudo "recheado de detalhes", afinal, quanto mais tempo permanecer falando, mais satisfação sentirá.

O comportamento dessa criança é imensamente reforçado pelos pais que acreditam ter um(a) filho(a) gênio. Porém, com esse estilo de

Inteligência linguística ou verbal

comportamento, o aluno com a inteligência linguístico ou verbal potencializada acaba sendo muito exigente consigo mesmo. Não aceita tirar nota menor que oito e, em casos extremos, acaba se punindo através de xingamentos contra si próprio, como: "sou um burro" "sou um ignorante" e se estapeando, principalmente na cabeça.

Essa criança vai crescendo e seu comportamento de falar muito, de interferir em todas as situações, de se manifestar constantemente dando "palpites", acarreta a ocorrência de conflitos. É muito comum um indivíduo com essa inteligência potencializada estar envolvido em atritos. Quando isso ocorre, quem mais fala, com certeza, é ele. Quem também diz a última frase é ele. Porém, não costuma guardar mágoa e muito menos "ficar de mal". Logo depois de terminado o confronto já está puxando conversa com o confrontado.

Diante de toda essa facilidade para se expressar, o professor não precisa incentivá-lo nessa inteligência. Ele terá, ao longo do dia, muitas possibilidades para exercitá-la. Assim, quando o professor for escolher alguém pra ler um texto, com certeza não deverá ser esse aluno o escolhido, e sim outro que não tenha essa inteligência potencializada, para que possa desenvolvê-la.

Normalmente, o que acontece é justamente o contrário. O professor prefere escolher o aluno que tem mais desenvoltura para a leitura e para se expressar, assim a aula flui normalmente, o que é um erro. O professor pode pensar que vai perder muito tempo mandando um aluno que não tem a inteligência linguística ou verbal potencializada ler, pois ele levará mais tempo. Esse pensamento é um equívoco. Ao desenvolver essa habilidade nos alunos que não a tem desenvolvida, estará possibilitando um acompanhamento e um aproveitamento muito melhor em todas as disciplinas. O resultado final, com certeza, será o seu diferencial.

Conhecer as características do aluno e identificar qual das inteligências múltiplas ele tem potencializada é o que se espera do professor, para que, assim, possa estimular as outras inteligências menos atuantes e desenvolvê-las, propiciando o desenvolvimento do aluno de forma ampla.

Na adolescência

O adolescente com a inteligência linguística ou verbal potencializada adora ler, e esse hábito robustece todas as suas características. Tem facilidade em seguir regras gramaticais, em pesquisar o significado das palavras, além de ter uma especial percepção das diferentes funções da linguagem, usando-as eficaz e corretamente.

Assistir a filmes é outra prática desempenhada pelo indivíduo que tem a inteligência linguística ou verbal potencializada. Assiste, analisa e debate sobre o tema em foco. Consegue inclusive associar o tema a algum livro já lido ou discorrer sobre as características do produtor ou do diretor. Está sempre cultivando uma ideia diferente. Tudo o que quer fazer, praticar ou comprar tem de conhecer a fundo. Ao fazer um passeio, lê tudo sobre o lugar. Quando chega ao destino está tão bem informado que conversa e se refere ao lugar como se já o conhecesse há muito tempo. Pergunta sobre tudo e quer respostas ricas em pormenores.

Inteligência linguística ou verbal

Quando opta por um esporte, faz um estudo da origem das características, do quanto terá que se dedicar para praticá-lo. Se, por acaso, é uma massagem que resolveu fazer, pergunta pelo nome dos cremes, pelos componentes, qual o campo de ação, qual o tempo para se obter o resultado, e assim por diante. Se interessa por tudo, nos mínimos detalhes.

Nem sempre se mantém por muito tempo nas escolhas. Tão logo apareça um assunto mais interessante, parte em busca de novos conhecimentos. É sempre escolhido pelos colegas para representar a classe. Adora se envolver e debater temas polêmicos. Na formatura, com certeza, é o orador da turma.

Nem sempre se manifesta oralmente, também tem muita facilidade de se expressar por meio da linguagem escrita. Compõe textos muito bem estruturados, desenvolve bem a história, dando sentido ao assunto pretendido.

Os alunos que não têm essa inteligência potencializada devem ser estimulados ao máximo, afinal, ela envolve a comunicação como um todo. Percebemos que a pessoa não tem essa inteligência aflorada quando sente dificuldades de organizar, numa sequência lógica, seus pensamentos, comprometendo o entendimento das outras pessoas. Sem essa habilidade, o aluno não conseguirá fazer dissertações ou responder dissertativamente qualquer questão de qualquer disciplina. Também, quando ingressar no mercado de trabalho, irá se deparar com imensas dificuldades, chegando a perder oportunidades, uma vez que não consegue expor adequadamente suas ideias.

<u>Uma boa "dica" para potencializar essa inteligência é ler. Quanto mais o indivíduo lê, mais ele amplia seu vocabulário, seu raciocínio</u>

lógico, sua criatividade, sua desenvoltura tanto para falar quanto para escrever.

Vale exemplificar que, na época da Ditadura Militar, os escritores e compositores escreviam livros e compunham músicas com letras que eram puro protesto, mas a censura, muitas vezes, não detectava. Talvez porque quem as analisasse não fosse uma pessoa com intelegência linguística ou visual potencializada e, por essa razão, não conseguisse "ler" nas entrelinhas as verdadeiras intenções.

Outro ponto interessante para se focar é o da pessoa deficiente auditiva que não recebe o estímulo de ouvir as palavras para poder reproduzi-la e, mesmo assim, consegue construir sua linguagem. Essa é a confirmação real de que uma inteligência, quando estimulada, é capaz de romper suas próprias barreiras.

Diante de todas essas características e situações práticas, vemos o quão importante é a estimulação dessa inteligência. O professor tem que propiciar o estímulo a esse desenvolvimento cada vez que constatar dificuldades do aluno em colocar os pensamentos no papel em uma sequência lógica.

As principais profissões para esse tipo de inteligência:

Essa inteligência favorece a profissão que cultua ideias e palavras. Normalmente é exercida por escritores, romancistas, jornalistas, palestrantes, poetas, professores, vendedores, compositores e muitos outros.

7
Inteligência musical

Quando falamos de *inteligência musical*, a primeira informação que vem à nossa mente é a de que a pessoa que tem essa inteligência potencializada possui habilidades para compor e executar música ou, mesmo, reger uma orquestra, e assim por diante. Ocorre que, ao pensar dessa forma, não há motivação para desenvolver essa habilidade numa escola convencional. Essa tarefa ficaria para os conservatórios musicais.

Porém, a visão que vamos desenvolver aqui não é bem essa. Vamos falar da importância do ritmo, da harmonia e da melodia, que são os fundamentos da musicalização. Essa é a sensibilização da música. Esses itens não são fundamentos somente da musicalização, eles são imensamente importantes para o desenvolvimento motor e cognitivo do indivíduo.

Vivenciamos e praticamos o ritmo diariamente em todas as nossas ações e reações. Desde a vida intrauterina, em que o bebê exercita o ato de sugar chupando o dedo. Este é um exercício para o aprender a "mamar", ato vital para a sua sobrevivência. Para mamar, o bebê necessita ter ritmo, caso contrário, engasgará.

Para respirar, precisa-se de ritmo, senão essa respiração desritmada irá provocar um imenso cansaço, sobrecarregando os demais órgãos. Se respirar sem ritmo, acabará ora respirando ofegante, ora com calma, e em alguns momentos se absterá de respirar por segundos, provocando falta de ar. O piscar os olhos também necessita de ritmo. A falta ou o descontrole do ritmo ao piscar ocasiona os chamados *cacoetes,* situação em que a criança pisca repetidas vezes num espaço curto de tempo. O engolir a saliva necessita de ritmo. Se não houver ritmo, ou a pessoa baba por não engoli-la, ou fica com a boca ressecada por engoli-la demais. Para falar, também precisamos de ritmo. Imagine alguém falando de "soquinho", ou falando cada sílaba ou palavra ora devagar demais, ora acelerado demais. Imagine uma aula sendo ministrada por um professor que fala sem ritmo. Não haveria a menor possibilidade, pois a atenção estaria voltada para a fala e não para o conteúdo.

Para beber um copo d'água ou mastigar precisamos de ritmo.

Para engatinhar, o bebê também precisa de ritmo, caso contrário, não irá conseguir. O ritmo desempenha papel fundamental para que a criança sinta segurança e se aproprie do domínio de seu corpo. O mesmo ocorre com o andar, e assim a criança vai produzindo ganhos psicomotores, cognitivos, linguísticos.

Precisa-se do ritmo para ler e, consequentemente, para entender o que se lê. O mesmo ocorre com a escrita. O ritmo é muito importante para que se escreva de maneira harmônica, dando um tamanho uniforme às letras e utilizando corretamente os movimentos. É preciso ritmo para nadar, dançar e para várias outras habilidades. O ritmo é condição *sine qua non* para o desenvolvimento harmonioso do ser humano.

Para que esse desenvolvimento harmônico exista, o ritmo tem que integrar todas as habilidades. Temos de ter ritmo para respirar, engolir a saliva, falar, piscar os olhos e andar, sincronizando todos esses recursos vitais, concomitantemente. Quando uma pessoa está nervosa, há um descompasso nesse ritmo, deixando sua respiração ofegante, sua boca com pouca saliva, sua voz trêmula e as palavras saem interrompidas pela dificuldade de conciliar ou fala com a respiração, podendo ocorrer até a perda da memória. Tudo isso porque o nervosismo ocasionou a perda do ritmo.

À integração de todas essas atividades com o ritmo chamamos de *harmonia*. Conforme Francisco Bueno (1992, p. 554), "harmonia é a disposição bem-ordenada entre as partes de um todo". É justamente isso que queremos dizer quando afirmamos que uma pessoa é harmoniosa. Ela consegue conciliar todos os movimentos sem agredir visualmente ou provocar tensão aos que estão à sua volta, tendo uma postura "normal" perante o meio.

A **melodia** está presente principalmente na fala, na qual o indivíduo concilia o tom, a intensidade e o timbre. Quando falamos de ***tom***, queremos nos referir às inflexões dadas às tônicas das palavras, onde podemos levantar, pousar ou fixar a voz. É a forma correta de como devem ser pronunciadas as palavras, as frases e os textos.

A **intensidade** é o que vai dar vida à palavra. Na leitura, você transmite a emoção por meio da intensidade aplicada à sua voz. Podem-se expressar os sentimentos de alegria, tristeza, preocupação, dor, euforia, nervosismo, ansiedade, entre outros. **Timbre** são as variações que ocorrem de pessoa para pessoa. É mediante o timbre que identificamos a quem pertence determinada voz. Trata-se da personalidade da voz. Ao ouvir uma música, sabemos identificar quem é o cantor que a está executando. Muitas vezes, ao atendermos o telefone, identificamos a voz da pessoa que nos ligou antes mesmo dela dizer quem é.

Utilizam-se esses três componentes da voz para dar maior ênfase à leitura como, por exemplo, nos contos de fadas, em que o lobo sempre falará grosso, alto e amedrontador, a princesa terá voz suave, meiga e em tom baixo, e a bruxa falará com voz tremida, fina e estridente, e assim por diante. A voz está diretamente relacionada à emoção.

Quando bebê

O bebê com inteligência musical potencializada demonstra, por meio de reações simples como parar de chorar, o quanto se sente confortável e o bem-estar que a música lhe proporciona.

Ter um ambiente com música e cantar para o bebê é muito importante, independente de ele ter essa inteligência potencializada ou não. Howard Gardner (1994, p. 85) nos conta que os bebês normais "cantam e balbuciam: eles podem emitir sons individuais, produzir padrões ondulantes e até mesmo imitar padrões prosódicos e sons cantados por outros com precisão melhor do que aleatória". Estar com o bebê no colo e dançar com ele no embalo de uma canção irá estimulá-lo a desenvolver o ritmo de uma maneira geral, inclusive a sua inteligência musical, abrindo espaço para a magia que a linguagem sonora produz. A música transmite tranquilidade e prazer ao bebê, além de estimulá-lo à percepção dos ritmos sonoros.

Os chocalhos são ótimos instrumentos estimuladores do ritmo. O bebê que tem a inteligência musical potencializada responde prontamente a esses estímulos. Se for colocada uma música suave, com certeza o bebê balançará o chocalho de forma calma. Se a música tocada for um *rock*, ele balançará o chocalho num ritmo frenético.

Há uma fase em que o bebê "musical" descobre que pode emitir sons com seu próprio corpo, como estalar a língua, comprimir e soltar os lábios, assoprar, tremer a língua e outros. Ao descobrir que é capaz dessa habilidade, ele irá praticá-la incessantemente. Também perceberá que pode se movimentar no ritmo da música, ensaiando um tipo de dança. Balança-se para frente e para trás quando está sentado e quando está de pé flexiona várias vezes o joelho procurando acompanhar o ritmo da música.

As canções infantis são ótimos estímulos tanto para aflorar a inteligência musical como para coordenar movimentos feitos ao ritmo da melodia. "Bate palminha bate..." Essa música é responsável pelo aprendizado do bater palmas de praticamente toda criança através de várias gerações. Após aprender a "bater palminhas", ao ouvir a canção, bate palmas espontaneamente. "Serra, serra, serrador..." Essa canção estimula, além da inteligência musical, a noção espacial. A criança senta-se no colo do adulto e este, segurando as mãos, a empurra para trás e a puxa de volta à posição inicial num ritmo cadenciado, imitando o vai e vem da serra. O mesmo acontece quando se coloca a criança sentada no pé do adulto, que deverá estar com a perna cruzada, e segurando-lhe pelas mãos, sacode a perna fazendo-a galopar e canta: "Upa! Upa! Upa! Cavalinho alazão...". Essas canções são pérolas para o estímulo do desenvolvimento musical e corpóreo-cognitivo da criança.

As cantigas infantis também estimulam a fala, a memorização, a atenção, o ritmo, a coordenação de movimentos, a concentração, a comunicação, o equilíbrio emocional, além de propiciar que a criança experimente o seu corpo, descobrindo-se a si própria.

É comum, quando a criança inicia o desenvolvimento da linguagem, cantar fragmentado, falando somente o final da estrofe. Ela está imitando o som produzido pelo adulto. Esse exercício é muito motivador para o desenvolvimento da linguagem. Ao cantar: "sapo cururu" a criança fala somente o "ru", "na beira do rio", ela fala "io". Irá pedir para que se cante inúmeras vezes, com a intenção de se apropriar completamente da letra da música.

Na educação infantil

Na educação infantil, a criança com a inteligência musical potencializada, ao ter contato com a música, libera o mundo musical que já existe dentro dela, desenvolvendo a criatividade, a expressividade, a percepção sonora e espacial, a capacidade inventiva, a coordenação motora e a socialização.

Ao cantar enquanto brinca, a criança está se sensibilizando em relação aos seus conhecimentos musicais, o que lhe causa prazer e bem-estar, uma vez que acontece espontaneamente.

O cantar nas escolas de educação infantil é um hábito rotineiro. Normalmente, logo após a entrada, faz-se uma grande roda e todos se sentam para cantar, num momento mágico de socialização. Quando cada turma vai para sua classe, canta-se anunciando que será feita a atividade. Canta-se antes de tomar o lanchinho, canta-se na hora da brincadeira, canta-se antes de ir embora, enfim, a música é um grande recurso usado na fase pré-escolar. Se há alguma escola de educação infantil que não adota o cantar, é hora de aderir.

Também se usa a música para trabalhar as partes do corpo, as profissões, e as expressões corporais; imitar os sons dos bichos, de aparelhos domésticos, e os sons da natureza. A música auxilia nas datas especiais, trabalhando canções específicas do folclore, Dia das Mães, Páscoa, Natal, Dia dos Pais e nos contos de fadas, onde são ilustradas com canções que atravessam gerações como a da história do *Chapeuzinho Vermelho*, *Os três porquinhos*, *das fadinhas*, da *Cinderela* e tantas outras.

A criança "musical", ao entrar na educação infantil, terá em sua adaptação a participação das cantigas, aprendendo fazer os gestos de acordo com a letra da música, e isso lhe servirá de estímulo para que queira retornar no dia seguinte.

Normalmente, as escolas de educação infantil têm aulas de Música no seu currículo, e a criança toma conhecimento dos diversos ritmos, bem como de alguns instrumentos. A criança também pode ser estimulada a usar o corpo nas atividades rítmicas utilizando as mãos e os pés. Essas atividades são simples e, por essa razão, a criança assimila com mais facilidade. Podem realizar atividades como bater palmas e bater os pés no chão, sentindo intuitivamente a existência do compasso e do tempo. A criança que tem a inteligência musical potencializada não sentirá qualquer dificuldade em mudar e acompanhar quando são integrados novos movimentos. Em seguida, as crianças podem conciliar o bater palmas, o bater a mão na mesa e o bater os pés no chão. Isso acontecerá de forma alternada em diferentes compassos, e assim sucessivamente. Após ensaiado o acompanhamento com os movimentos do corpo, a criança deverá integrar a eles o cantar a letra da música. Esses exercícios são motivadores e estimulam diferentes habilidades.

Há também a bandinha feita de instrumentos de sucata. Nos potinhos de filmes fotográficos ou potinhos de iogurte, podem ser colocados diversos tipos de grãos, produzindo assim uma grande variedade de sons. É importante que um dos potinhos fique vazio, pois o silêncio é um componente da música muito importante que não pode deixar, de forma alguma, de existir e de ser identificado. Também se pode fazer um tamborzinho com a lata de molho de tomate, na qual o lado aberto é fechado por uma bexiga. A criança, ao puxar e soltar a bexiga, produzirá o som do tambor. Vale lembrar que, como esses, muitos outros instrumentos podem ser confeccionados com sucata.

O professor poderá conciliar todos esses quesitos – executar a música, cantar, acompanhar – utilizando tanto os instrumentos quanto os sons produzidos pelo corpo. Na aula de Música, a criança, ao acompanhar a canção marcando o tempo, estará aprendendo a identificar os diversos tipos de ritmo. Estará sendo estimulada a desenvolver a ótica de que todos, trabalhando em sintonia, proporcionarão um resultado harmônico, desenvolvendo assim sua sensibilidade auditiva. Quanto mais oportunidade a criança tiver em analisar essas ações e de absorver as sensações que essas atividades são capazes de produzir, mais estará se desenvolvendo social e cognitivamente.

As atividades musicais estimulam a criança no desenvolvimento de sua expressão corporal e habilidade motora, amplia a coordenação visomotora, bem como aprimora a capacidade de compreensão, de interpretação e de raciocínio, motivando o desenvolvimento da linguagem oral.

Em algumas canções antigas usadas nas brincadeiras, a criança canta envolvida pela entonação rítmica compassada, e não pela letra. Isso porque, algumas vezes, ela nem entende o que está cantando como, por exemplo, "uni duni te – salameminguê – um sorvete colorê – o escolhido foi você"; outras vezes, canta situações engraçadas que nada tem a ver com a realidade, como: "uma velha bem velhinha – fez xixi na canequinha – foi contar para a vizinha – que era caldo de galinha". A música representa para a criança uma fonte de estímulos e de felicidade.

No fundamental I

No fundamental I, a criança com inteligência musical potencializada tem facilidade para desenvolver a escrita, pois o ritmo facilita a grafia, bem como a leitura. Tanto a música quanto a linguagem são meios de comunicação que se completam, assim sendo, nada mais natural do que serem harmônicas entre si.

Inteligência musical

A criança com a inteligência musical potencializada também apresenta facilidade no raciocínio lógico, proporcionando uma maior facilidade no entendimento da matemática. Sabe-se que há muitas relações matemáticas contidas na estrutura musical, aproximando assim uma da outra. É claro que essa afirmação mostra a propensão de facilidade, pois muitas vezes a criança, nessa idade, não toca nenhum instrumento e, consequentemente, nunca leu nenhuma partitura. Ocorre que o fato de ela ter a inteligência musical potencializada possibilita a facilidade do desenvolvimento do raciocínio lógico que se faz presente tanto na matemática quanto na disciplina de música.

No ensino fundamental I, é mais difícil de encontrar escolas que tenham no seu currículo aulas de música, porém as crianças propiciam momentos musicais para elas mesmas, seja na entrada, no recreio ou na saída, utilizando as diferentes opções de aparelhos tecnológicos.

As brincadeiras de roda são excelentes para propiciar a socialização, a desinibição, o senso de organização, a expressão corporal e, claro, o senso rítmico. Ao brincar de roda, a criança aprende que todos têm a sua importância, pois, se um cair, a roda tem que parar. Elas cantam e praticam movimentos ritmados, caso contrário, não se consegue rodar a roda. Esse é um aprendizado sobre como trabalhar em equipe, ter respeito pelo grupo e interagir com ele, favorecendo a socialização. Dependendo da cantiga que está sendo usada, a criança terá que ir ao centro da roda. Esse será um momento de destaque em que todos se fixarão nela. O fato de estar em destaque sob o olhar de todos motivará para que a inibição deixe de existir. Nesse momento, a criança também deverá desempenhar alguma atividade como cantar, recitar ou rebolar. Nesse caso, ela irá contar com o seu poder de criação, estimulando o desenvolvimento da autoestima. Ao escolher o próximo que ficará no centro da roda, a criança está se relacionando diretamente com um dos componentes, bem como exercitando o cumprimento de regras que a brincadeira exige, mas o saber cumprir as regras também é fundamental para que a brincadeira aconteça.

A criança, dos 6 anos em diante, já começa a expressar sua vontade para aprender algum instrumento musical, a dançar balé ou *jazz*. É comum desenvolver essas atividades fora do espaço escolar, o fato de não acontecer entre os muros da escola não interfere em nada na eficácia desses exercícios. Muito pelo contrário, o aluno mostrará na escola o resultado de participar dessas atividades extras, além de ampliar o seu grupo de relacionamento.

A música faz parte da vida de todos nós e exerce uma influência incrível. Ela tem o poder de acalmar quando usada numa aula de ioga, numa meditação; pode levar multidões à loucura numa apresentação de *rock*; encher estádios de futebol com a apresentação de bandas e *shows*. Ainda, apesar dos diversos meios de reprodução, movimenta monetariamente milhões com a indústria fonográfica. As propagandas bem-sucedidas são aquelas com *jingles*. Cada programa é identificado por meio da sua vinheta. Cada personagem nas novelas tem a sua música específica, e mais milhões de situações nas quais a música é o complemento indispensável. Ouve-se música ao ligar o rádio, ao tocar o celular, nos toca CDs, nos carros de propagandas etc.

A música marca passagens alegres, tristes ou decisivas na vida das pessoas. Como, então, o professor pode dar sua aula sem se valer desse recurso mágico que é a música, uma vez que ela é um ótimo recurso para se trabalhar temas complexos?

Na adolescência

O adolescente que tem essa inteligência potencializada, com certeza já deve fazer parte de uma banda, seja tocando algum instrumento, seja como vocalista.

A música é o meio de comunicação extremamente eficaz, pois transmite o seu recado para uma multidão, por vezes, numa única apresentação.

Será muito difícil encontrar um adolescente que não tenha a inteligência musical potencializada, pois essa inteligência é estimulada por todos os meios e veículos de comunicação. O que pode diferir são os estilos de música: existem os "roqueiros", os "pagodeiros", os "sertanejos", mas todos têm um estilo musical.

Com as facilidades encontradas nos tempos modernos, é comum o adolescente tocar algum instrumento e formar uma banda. Nessa afirmação está um dado muito importante: isso acontece por vontade própria, ou seja, é o próprio adolescente que opta por aprender a tocar um instrumento ou a cantar.

Hoje, mais do que nunca, valoriza-se a pessoa como um todo. Nesse mundo competitivo, formamos jovens e não sabemos o que eles irão encontrar no futuro. Se for possível formar jovens que incluam na sua bagagem, além da especialidade profissional, o equilíbrio e a sensibilidade que a música consegue despertar, com certeza, eles apresentarão melhor desempenho.

Sabe-se que, na guerra, os soldados marchavam ao som de marchas, e, ao cantarem, favoreciam o ritmo a ser seguido e também despertavam o fortalecimento do espírito de união. Os gritos de guerra e os hinos são utilizados até hoje em competições esportivas como demonstração de força e união.

As novelas eternizam seus personagens por meio de trilhas musicais. Os filmes conduzem a emoção do público mediante a música. A cena retrata uma situação triste, porém, o que conduz o público ao choro é a parceria com a música de fundo.

A música é, sem dúvida, uma fonte inesgotável de estímulo, e sua prática estabelece no indivíduo uma sensação de felicidade. Acima de qualquer argumento, sabemos que a música é, foi e sempre será uma excelente fonte de comunicação e expressão humana. Hoje, com a rapidez dos meios de comunicação, a música compartilha com o mundo as características de cada país, sua identidade social, sua cultura, sua história. Tem o poder de trabalhar a audição, a reprodução, a improvisação, a criação, a representação mediante o movimento, mediante a dança. Essas atividades auxiliam concretamente no desenvolvimento cognitivo, além de despertar a sensação de prazer e felicidade.

As principais profissões para esse tipo de inteligência:

Compositores, maestros, engenheiros de áudio, cantores, propaganda e *marketing*, produtor artístico, produtor de cinema.

8

Inteligência naturalista

A inteligência naturalista está voltada para o contato direto do homem com a natureza. A intimidade do ser humano com a natureza sempre foi muito grande, embora hoje, de uma maneira geral, tenhamos nos afastado dela. O homem se diz superior e, por essa razão, acredita que pode conduzi-la e alterá-la da forma que bem entender. A grande verdade é que, cada vez mais, aprendemos que homem e natureza têm de caminhar juntos para que se conserve essa harmonia.

O homem, movido pela sensação do poder que o dinheiro proporciona, acabou se esquecendo dessa parceria e, com isso, traiu, acoitou, feriu e danificou a natureza. Hoje, ela, enferma, dá sinais de que não se deixará agonizar até a morte, que reivindicará, sim, mesmo que a duras penas, sua sobrevivência.

O ser humano, desde o início dos tempos, sempre viveu e sobreviveu por seu contato com a natureza. Por seu espírito desbravador e muitas vezes destruidor, o homem se sobrepôs a ela desviando o curso dos rios, desmatando áreas imensas e dispondo de tudo como se esses recursos fossem infinitos e como se ele, hoje, fosse o onipotente, dono de tudo. Mas, apesar de todo o avanço tecnológico obtido pela ação do homem, os fenômenos da natureza ainda conservam seus mistérios e mantêm-se inatingíveis.

A relação homem/natureza independe de quaisquer ideologia, teoria, conceitos e preceitos. É uma relação de sobrevivência. A natureza detém tudo que o homem precisa para se manter vivo: o ar, a água, o sol, o alimento. Porém, ele, com suas atitudes abusivas e irresponsáveis, está a destruindo e não percebe que isso o levará a sua própria destruição. É claro que essas atitudes não vieram das pessoas com a inteligência naturalista aflorada. Os que a têm potencializada, lutam pela reversão das consequências dessas atitudes e pela conscientização do respeito à natureza. Essa inteligência deve ser motivada impreterivelmente, o mais rápido possível, enquanto ainda temos chances de reverter esse quadro lastimável e amedrontador em que vivemos. Muito mais do que desenvolver integralmente o indivíduo, a motivação da inteligência naturalista no homem é condição para que tenhamos um futuro.

Quando bebê

O bebê com a inteligência naturalista nata, logo nos primeiros dias de vida, demonstra prazer e se acalma ao ouvir os sons da natureza, como: a chuva caindo, as ondas do mar, os pássaros cantando, sons de cachoeira e outros semelhantes. Adora tomar chá de camomila, erva-doce, erva-cidreira, entre outros, sendo seu efeito totalmente eficaz, auxiliando e muito nos primeiros meses de vida nas cólicas intestinais que tanto "maltratam" os bebês. Aqueles bebês, que não têm essa inteligência potencializada podem demonstrar repulsa aos chás, inibindo o seu uso. É como se os seus canais estivessem bloqueados, não permitindo a sua ação. Quantas vezes presenciamos um bebê chorar de cólicas e, ao ser sugerido à mãe que lhe dê algum chá de ervas, ela responde que já tentou e que o bebê não aceita, optando por remédios alopáticos.

O bebê naturalista se sente bem em contato com a grama, com a terra, com a areia, bem como com a água. É um bebê que, ao iniciar seus primeiros passos, sente-se muito à vontade ao colocar os pés no chão. Essa atitude não acontece com crianças que não têm essa inteligência potencializada. Há bebê que sente arrepios ao colocar os pés na areia e levanta as perninhas, recusando-se a ter esse contato. O mesmo acontecendo com a grama. Tem bebê que não consegue colocar direito o pé no chão, sem sapatos, nem dentro da sua própria casa. Já o bebê naturalista detesta sapato. Tendo oportunidade, ele os tira e fica descalço. Logo nos primeiros meses, já demonstra sua afeição por animais, principalmente por cachorros, por ser mais habitual tê-los, sentindo-se atraído por eles; não se assusta com seus latidos e adora ter contato tátil, além de não sentir aversão por tocar em seus pelos.

A alimentação do bebê naturalista é rica em frutas, verduras e legumes. Desde cedo, sente prazer em degustar esses alimentos, não sendo penoso para sua mãe a escolha do cardápio. Crianças que não têm essa inteligência potencializada muitas vezes não aceitam as sopas de legumes, nem mesmo as frutas, tornando a sua alimentação um "tormento", reduzindo e muito as opções de consumo.

O ato de beber água é bem-aceito pelo bebê naturalista. Há crianças que crescem só tomando água, recusando-se a tomar, principalmente, refrigerantes.

Na educação infantil

A criança naturalista, ao entrar na educação infantil, está aberta para desfrutar com muita alegria de todas as possibilidades de contato com a natureza. É uma criança que se distrai bastante ao brincar na areia do parquinho, muitas vezes entretendo-se sozinha com a confecção dos "bolinhos" de areia.

O problema é que hoje vivemos situações complicadas, pois, na maioria das escolas de educação infantil, <u>a inteligência naturalista não é motivada nas crianças que não a possuem potencializada, bem como está sendo atrofiada na criança que a tem</u>, em razão do seu espaço físico. É comum encontrarmos escolas de educação infantil adaptadas em antigas casas residenciais, onde os quartos se transformaram em salas de aula, e o pequeno quintal, em área de lazer. Em razão dessa adequação, as salas de aula são pequenas, sem claridade, com pouca ventilação e não há qualquer paisagem para ser vista de dentro, inibindo, dessa forma, qualquer manifestação de curiosidade diante do espaço exterior, bloqueando esse fator gerador de conhecimento e consequente aprendizado. Muitas salas não possuem nem janelas tradicionais, tendo somente um vitrô localizado logo abaixo do teto, que é mantido constantemente fechado. A classe, normalmente é climatizada por ar-condicionado e a iluminação feita com luz artificial. Assim, a criança não tem noção de como está o dia lá fora, se há sol ou se está "armando chuva", tomando contato com as mudanças climáticas somente quando sai da sala de aula. Também há aquelas escolas que pintam suas paredes, tanto as internas quanto as externas, com tantos personagens infantis, com tanta informação, que acabam provocando uma poluição visual, tornando o ambiente agressivo, dando origem à sua descaracterização.

Por serem espaços adaptados, a privacidade é praticamente inexistente, uma vez que os ambientes se entrelaçam, tornando-se barulhentos e, com isso, dificultando a concentração no desenvolvimento das atividades. Essa realidade irá incentivar uma visão distorcida do sentido de ordem, de tranquilidade, de respeito, de disposição e de organização.

Essa experiência, ao ocorrer logo no primeiro contato da criança com seu convívio social, passará a estruturar o seu conceito de _viver_ com fundamentos completamente distorcidos dos fundamentos reais de _bem viver_. Porém, para a criança, esses conceitos serão interiorizados como a maneira correta de se posicionar na sociedade, uma vez que foram essas as primeiras informações que ela recebeu, não tendo subsídios para fazer comparações e, consequentemente, não tendo opção de escolha. Diante dessa realidade, como a criança poderá agir de forma diferente quando se tornar adulta? Que respeito terá pelo ambiente que a cerca se cresceu sem respeitá-lo e sem ser respeitada?

Antigamente, a criança podia brincar na rua. Havia ruas de terra onde se podia subir em árvores, andar descalço, correr, respirar ar puro, tomar Sol. Hoje, a maioria das crianças já nasce em apartamentos, que

Inteligência naturalista

são cada vez menores. A opção que seus pais encontram para que ela possa correr e brincar é frequentar a escola de educação infantil. Porém, há uma incongruência quanto a esse fato, pois, embora esses espaços estejam sendo cada vez mais valorizados socialmente, também estão sendo cada vez menos estruturados, justamente por serem adaptadas. Não possuem locais arborizados, com sombra para se poder realizar alguma atividade ao ar livre, os tanques de areia estão sendo substituídos por pisos revestidos e pintados de verde para simular a presença de grama. O trabalho de conservação para manter o tanque de areia limpo, livre de bactérias, é um forte estimulador para a sua substituição.

Nas escolas que possuem uma grande área de lazer, com árvores para se subir, bichos para se ter contato, há uma exigência por parte dos adultos para que os bichos fiquem presos em gaiolas ou cercados, para que a criança não corra o risco de ser arranhada ou bicada por algum deles. A árvore não poderá atrair insetos, nem derrubar folhas e muito menos ter fruto que possa cair e machucar a criança. Subir na árvore é hipótese fora de cogitação, em razão de se prevenir acidentes, e assim por diante, colocando a natureza fora do alcance das crianças. Diante do fato real desse distanciamento que vem acontecendo entre o ser humano e a natureza, como poderá a inteligência naturalista ser estimulada? Mesmo por aqueles que têm essa inteligência potencializada, como será esse contato?

Acredito, pessoalmente, que seja esse um dos principais fatores que contribuem para a extinção do respeito à natureza. A falta de contato com ela está propiciando que se tenha uma visão distanciada dos seus recursos. Muitas crianças nunca viram uma vaca, uma galinha, um tomateiro ou uma parreira e acreditam que seus produtos, comprados no supermercado, são originários das prateleiras.

A escola tem que propiciar condições para que as crianças naturalistas possam desenvolver cada vez mais essa inteligência, bem como deve estimular o desenvolvimento dela nas crianças que não a detêm potencializada.

No fundamental I

A criança naturalista, ao ingressar no fundamental I, vê abrir novos horizontes para o desenvolvimento dessa inteligência, pois o seu contato com a natureza se torna maior e mais intenso. As matérias específicas criam ambientes mais propícios para que esse contato se torne mais frequente e atuante. As escolas de ensino fundamental I e II normalmente têm o prédio construído para esse fim, sendo as classes mais amplas, embora o sistema de iluminação e ventilação artificiais continue o mesmo. Porém, muitas delas têm salas temáticas e uma área de lazer bem ampla com quadras poliesportivas.

Quando a escola opta por ter esse tipo de sistema de iluminação e ventilação, está focando no avanço tecnológico e no objetivo de "impressionar" os pais dos alunos para atraí-los. Porém, em relação à preservação da natureza, está completamente equivocada, uma vez que priva o aluno de receber tanto o ar puro quanto a iluminação natural, além, é claro, de não contribuir para a contenção de energia elétrica no que se refere à iluminação artificial e ao uso do ar-condicionado. A escola, que deveria ser responsável por trabalhar a conscientização do uso responsável dos recursos naturais, acaba por dar o mau exemplo para a sociedade e, principalmente, para seus alunos.

A questão de se ter uma área verde, com a presença de árvores, grama e animais, também não existe na maioria das escolas do ensino fundamental. O que ocorre é que são distribuídos em pontos estratégicos do pátio vasos com plantas ou algum canteiro com arbustos, locais que recebem a conotação de *área ecológica*. Essa forma equivocada acaba por comprometer o desenvolvimento da inteligência naturalista.

A criança que tem a inteligência naturalista potencializada consegue enxergar além dos muros, pois se sente atraída pelos elementos da natureza, e observadso a paisagem, os animais e os pequenos detalhes, como uma pedra brilhante ou um inseto esfregando as patinhas. Ela reproduz, por meio de desenhos, paisagens cheias de árvores, flores, grama, sol, nuvens e animais.

Agora, a criança que não tem essa inteligência aflorada não tem a sensibilidade para enxergar por si só os detalhes da natureza. Então, ao desenhar, irá reproduzir apenas um vaso com flores em cima da mesa ou uma gaiola de passarinho pendurada na varanda, que é o retrato da realidade com a qual ela convive.

É importante que a escola promova saídas pedagógicas para sítios ou fazendas, locais em que a criança possa ter contato direto com diversos tipos de animais, de vegetação, de clima, de paisagem; sentir o frescor do amanhecer, o aroma dos diversos tipos de vegetação; acompanhar a rotina dos animais, seus costumes, sua alimentação;

além de muitos outros conceitos. Isso irá despertar na criança o amor e o respeito pela fauna, pela flora e pela natureza em toda a sua essência.

Dentro da escola, o professor pode incentivar pesquisas, bem como experiências nas quais criará oportunidades de observação de uma grande variedade, por exemplo, de pedras e de terras. Poderá acompanhar a metamorfose da lagarta em borboleta, construir um minhocário, além de e muitas outras experiências que contribuirão para a motivação da inteligência naturalista dos alunos.

Na adolescência

O adolescente com a inteligência naturalista potencializada já terá uma autonomia maior nas suas ações e concepções, uma vez que o respeito e o contato com a natureza já faz parte da sua história de vida.

Não hesitará em levantar bandeiras, em defesa da natureza. Estará sempre atento aos seus atos e aos atos dos que o rodeiam no sentido de economizar água, de apagar sempre as lâmpadas dos locais onde não há ninguém, de não jogar lixo no chão, de reciclar o lixo, de não desperdiçar alimentos, enfim, terá uma visão completa do que se entende por total sintonia entre **homem** e **natureza**.

Inteligência naturalista

As ações que acompanhamos diariamente nos noticiários – os quais mostram o desmatamento descontrolado da Amazônia, o desvio dos cursos dos rios, áreas imensas sendo alagadas provocando a morte de toda a vegetação e da vida animal que ali se faziam presentes, bem como a emissão dos gases que provocam o buraco na camada de ozônio e tantas outras ações que se tornaram atitudes cotidianas, com certeza – não são praticadas por pessoas que têm a inteligência naturalista potencializada.

Há muito tempo que os naturalistas alertam sobre as enchentes que deixam cidades inteiras submersas, os desmoronamentos de morros destruindo casas e soterrando famílias, os tremores e terremotos que colocam no chão as construções, matando milhares de pessoas, sem que ninguém lhes dê ouvidos. Hoje, esses alertas se uniram ao "grito da natureza" que, por meio das mudanças e catástrofes ambientais, mostra toda a sua força e revolta.

A escola precisa desenvolver em todos os seus alunos a inteligência naturalista para que tenhamos um futuro para se viver.

As principais profissões para esse tipo de inteligência:

Biólogos, botânicos, zoólogos, jardineiros, paisagistas, ecologistas, ambientalistas, veterinários, agrônomos.

9

Inteligência
lógico-matemática

Poderíamos descrever a inteligência lógico-matemática como a habilidade que o indivíduo possui de resolver problemas ou, mesmo, dizer que é a facilidade que se tem em lidar com séries de raciocínios e outras definições similares.

Porém, é preferível dizer que, desde o início de nossas vidas, vivenciamos experiências matemáticas, ou seja, vivenciamos aspectos que podem ser considerados o início do raciocínio lógico.

Quando um bebê direciona sua mão para pegar o chocalho que está pendurado no berço, ele está vivenciando a matemática, pois está calculando a distância entre sua mão e o brinquedo. Quando o bebê se propõe a subir os degraus de uma escada, ele está calculando o quanto deverá levantar sua perna para subir cada degrau. Esse bebê está praticando a matemática, embora não tenha essa consciência.

Uma criança de dois anos, ao comparar a quantidade de biscoitos que ganhou com a quantidade de biscoitos do seu irmão, percebe que o outro tem mais. A criança que principia a perceber semelhanças e diferenças entre as coisas, começa a comparar, estimar, avaliar, discutir, relacionar e argumentar, está vivenciando a matemática, ou melhor dizendo, está iniciando o uso do raciocínio matemático.

Esses comportamentos dão início à construção das habilidades matemáticas. A criança inicia o seu processo de raciocínio e, com isso, consegue calcular , por exemplo, o espaço necessário para passar entre duas poltronas e o quanto deverá levantar a mão com a colher e direcionar o alimento até a boca. Piaget e Inhelder (1986, p. 130), em suas pesquisas, concluíram que "a maturação consiste, essencialmente, em abrir possibilidades novas, portanto, condição necessária do aparecimento de certas condutas".

Com esses exemplos, podemos verificar que nascemos com essa inteligência, pois nós executamos todos os exemplos já mencionados. Nascemos com esta, assim como nascemos com todas as outras inteligências, porém ela pode ou não ser a mais potencializada.

Quando bebê

O bebê com essa inteligência potencializada desde cedo demonstra segurança e persistência nos seus gestos para alcançar objetos pretendidos. Tem uma boa percepção dos brinquedos que o rodeiam e demonstra a intenção de pegá-los, insistindo até conseguir. São as repetições sucessivas das ações que JeanPiaget (1975) menciona no primeiro estágio de desenvolvimento: o sensório-motor. Com a insistência, a criança acaba conseguido direcionar a mão, pegar a chupeta e colocá-la na boca, bem como arrancá-la da boca. Quando lhe é colocado algum enfeite ou boné na cabeça, consegue tirá-lo e repete esse movimento quantas vezes forem necessárias. A criança que não tem essa inteligência aflorada, muitas vezes, nem percebe que lhe foi colocado algo na cabeça.

Quando consegue ficar em pé no berço, faz menção de pular a grade levantando a perna para servir de alavanca. Há aquele bebê que sobe em algum brinquedo dentro do berço para ficar mais alto e, assim, conseguir pular a grade. Veja o raciocínio lógico desse bebê! Esse tipo de tentativa é ressaltado por Piaget (1975) quando se refere à criança que procura aplicar meios já conhecidos para conseguir resolver novas situações.

Esse tipo de criança, quando começa a engatinhar, quer subir em tudo que encontra em seu caminho. Sobe no sofá, puxa a toalha da mesa, abre os armários e tira tudo o que tem dentro dele; abre gavetas de cômodas e tenta subir nelas como se fossem degraus de escada. Piaget (1975) salienta que a criança, nesse estágio, faz experiências com os objetos a que tem acesso tendo como finalidade atingir objetivos.

Quando lhe é esvaziada uma caixa com muitas peças, o bebê lógico-matemático adora colocar tudo dentro da caixa novamente para, em seguida, esvaziá-la e tornar a enchê-la, agindo dessa maneira inúmeras vezes. Com essas brincadeiras está trabalhando, por dedução, inúmeros conceitos, como: "mais e menos", "cheio e vazio", "tem e não tem", e muitos outros.

É uma criança muito observadora e, por isso, difícil de ser enganada. Vejamos, por exemplo, o caso de uma criança que está brincando com as chaves do carro do seu pai. Ele então lhe tira as chaves e as esconde atrás de si, em seguida, mostra as mãos vazias dizendo "acabou". Provavelmente a criança lógico-matemática irá atrás dele para verificar se as chaves estão lá, pois ela deduz que ele as escondeu atrás do seu corpo por observar seus movimentos. A dedução é puro raciocínio lógico. Esse exemplo fortalece a importância da estimulação externa.

Essa criança é tida no meio familiar como muito inteligente, porém, na verdade, ela tem a inteligência lógico-matemática potencializada e, por essa razão, observa, compara, analisa, seleciona, deduz, estima etc.

O bebê com a inteligência lógico-matemático potencializada tem facilidade em identificar, nos brinquedos de placas sonoras, a cor do botão que aciona o som que mais lhe agrada. Também se sente atraído por brinquedos que abrem e fecham portinhas, inclusive, adora abrir e fechar portas de armários em sua casa, tampar panelas, fechar as portas dos aposentos, muitas vezes, ficando trancado neles.

Desde muito cedo, o bebê com a inteligência lógico-matemática potencializada sente prazer nas brincadeiras com blocos de empilhar, caixas com itens para encher e esvaziar, brinquedos de encaixar, entretendo-se mediante tentativas e erros até encontrar uma técnica que atinja seu objetivo. Essas tentativas e erros fazem com que a criança pratique o julgamento, que é o início do processo de raciocínio lógico.

Na educação infantil

Quando o bebê com a inteligência lógico-matemática potencializada começa a frequentar a educação infantil, sente prazer em tudo que aprende e tem sempre a sensação de que fez grandes descobertas. Na verdade, ele as fez, pois sabemos que o pensamento se desenvolve por meio das ações, indo do concreto para o abstrato. A criança só se apropria daquilo que passa a conhecer e que passa a ter significado para ela. Ao experimentar, tomará contato com o resultado e, assim, a cada experimentação, somará essa experiência aos resultados anteriores e, com isso, construirá o seu conhecimento. É por essa razão que as crianças são curiosas.

A criança com a inteligência lógico-matemática potencializada terá mais facilidade em identificar formas e cores diferenciadas. Associará a grafia do número à quantidade correspondente, fará correspondência um a um com desenvoltura.

No relacionamento com seus colegas, sempre tentará uma opção de compensação quando tiver um objetivo a ser alcançado. Exemplificando: em vez de brigar por um brinquedo que está na mão de outro amigo, a criança com a inteligência lógico-matemática potencializada tentará, primeiramente, fazer a troca, dando a opção de outro brinquedo para o amigo.

Quando ao seu lado há um colega que está sentindo dificuldades em colocar os cubos um dentro do outro em ordem decrescente de tamanho, a criança com a inteligência lógico-matemática potencializada não consegue ficar olhando suas tentativas sem sucesso e vai ao seu encontro, resolvendo a situação.

Quando a professora coloca no centro da mesa uma grande quantidade de botões para que se faça uma colagem aleatória, normalmente a criança com a inteligência lógico-matemática potencializada irá colar os botões enfileirados, obedecendo alguma ordem, ou do maior para o menor, ou o inverso, ou todos da mesma cor, ou com a mesma forma. Ela dificilmente pegará botões aleatórios. Obedecerá sempre a um critério.

É muito detalhista nos desenhos. É caprichosa e sabe distribuir harmoniosamente os traços no papel. Caso resolva desenhar algum coleguinha, conseguirá retratá-lo com todos os detalhes. Consegue, inclusive, reproduzir a sala de aula com perspectivas, construídas de acordo com sua idade e fidelidade à lateralidade e noção espacial. Nunca irá amontoar objetos num único lado do desenho, e sim os distribuirá de acordo com a sua localização. Com isso, percebemos a facilidade que a criança com a inteligência lógico-matemática potencializada tem em se situar no espaço que ocupa.

Na escola, durante o lanche, é capaz de repartir o pacote inteiro de salgadinho entre seus amigos, fazendo a distribuição de uma em uma unidade até não restar mais nada. Caso queira dividir ao meio um pedaço de pão ou um pedaço de bolo, após dividi-lo irá colocar um pedaço ao lado do outro para verificar se ficaram iguais. O mesmo acontece com o suco, colocando os dois copos lado a lado para comprovar se foi dividido igualmente.

A criança com a inteligência lógico-matemática potencializada tem facilidade em conservar, seriar, classificar, descrever, comparar, ordenar, igualar, unir e separar, pois realiza todos esses conceitos intuitivamente. Então, quando lhe é proposto situações que envolvam esses conceitos, ela apenas transfere e realiza.

No fundamental I

A criança lógico-matemática, quando entra no ensino fundamental I, tem a sensação de estar em um parque de diversões ao usar todo o material disponível, como: material dourado, ábaco, escala *cuisenaire*, réguas numéricas e outros. O uso desses materiais é uma experiência mágica e passa a fazer parte do seu dia a dia, e ela os usa sempre que julgar necessário, de modo a adquirir a autonomia tão sonhada pelos professores. Normalmente, é independente e, muitas vezes, sente-se autossuficiente.

Esse tipo de criança assimila qualquer explicação com muita facilidade. Faz questão de resolver mentalmente tanto os problemas quanto as contas, autoafirma-se a cada exercício e tenta se superar diariamente. Adora investigar, tendo sempre por objetivo o conhecimento profundo do que lhe é explicado. Tem facilidade de estabelecer relações entre os objetos.

Normalmente, é uma criança calada, porém presente e participante. Sabe que, em se tratando de cálculos, seu desempenho é um dos melhores. Por essa razão, acaba sendo qualificada por seus colegas como a mais inteligente e, normalmente, não se incomoda com o apelido. É muito organizada com o material e com sua mochila, dificilmente esquecendo algum material em casa. Faz sempre todas as lições. Mantém sua carteira sempre arrumada e raramente deixa cair algum lápis ou borracha no chão. O seu caderno é impecável e a lição bem distribuída, sempre aproveitando muito bem os espaços. Sua letra é legível, e muito raramente apresenta o problema de exercer muita pressão no lápis ao escrever.

O mesmo cuidado que despende com o material também estende a si mesmo, estando sempre com o uniforme impecável, cabelos limpos e penteados, unhas aparadas e tênis limpos.

A criança com a inteligência lógico-matemática potencializada é bem objetiva tanto nas conversas informais como na linguagem escrita, respondendo sucintamente o que lhe é perguntado, agindo da mesma forma ao realizar provas. Suas respostas são curtas, porém completas, pois consegue identificar e expressar o que realmente é mais importante. Essa característica se estende a todas as outras matérias.

Adora resolver palavras cruzadas, charadas, caça ao tesouro – nos quais há muitos enigmas a se descobrir –, jogar dominó, montar quebra-cabeças. Prefere esse tipo de brincadeira a um bom jogo de futebol ou mesmo à brincadeira de pega-pega. Tem prazer em ocupar seu tempo de forma produtiva sem que precise ser estimulada pelo professor ou por seus familiares. Normalmente, aprende e estuda por associação: enquanto escuta a explicação, já associa com alguma coisa que lhe é significativa e não esquece mais. O mesmo acontece quando está em casa estudando. O uso dessa habilidade acaba favorecendo as outras disciplinas. É muito boa em estimativas, tanto no que se refere às quantidades quanto às metragens.

A criança com a inteligência lógico-matemática potencializada pode enfrentar problemas de socialização, principalmente se for tímida. O fato de entender com facilidade o que muitos só entendem após muitos exercícios, pode gerar um desconforto dela perante seus colegas, que não hesitarão em rejeitá-la, provocando sua reclusão em seu próprio mundo. Nessa situação, a ação do professor tem que ser muito consciente e eficaz para que não ocasione efeito inverso, criando um bloqueio cognitivo. O papel dos pais aqui também é decisivo: devem agir equilibradamente, proporcionando uma vida saudável com abertura para o conhecimento. Porém, há pais que se deslumbram com a facilidade de aprender de seu filho e passam a exigir demasiadamente dele tanto nos estudos como nas outras atividades e atitudes. Esse tipo de marginalização da criança com a inteligência lógico-matemática potencializada é, até os dias de hoje, resultado da rotulação de superdotado, oriunda dos resultados obtidos com os testes de QI, nos quais a inteligência era e é medida por testes matemáticos e de linguagem. Há também casos em que a criança com a inteligência lógico-matemática potencializada se torna muito agressiva, não tendo paciência de escutar as explicações repetitivas do professor para o entendimento dos demais alunos. Há casos extremos em que essa criança faz somente o que tem vontade, chegando a rasgar a lição ao ser corrigida pelo professor, caso tenha cometido algum erro. São crianças que sabem do seu potencial e, por essa razão, tornam-se muito exigentes consigo mesmas, não admitindo que são passíveis de erro.

Muitas vezes, a criança com a inteligência lógico-matemática potencializada prefere a companhia de pessoas mais velhas que ela, em razão do conteúdo das conversas e, também, porque consegue obter uma atenção maior, reação não presente em crianças da sua idade.

Na adolescência

O adolescente com a inteligência lógico-matemática potencializada pode, muitas vezes, tornar-se cansativo tanto em sala de aula quanto fora dela e, por essa razão, acabar sendo marginalizado tanto pelos professores quanto por seus amigos.

Por desenvolver hábitos e interesses centrados na área lógico-matemática e não ter facilidade em encontrar amigos e colegas para compartilhar esses interesses, acaba se isolando, principalmente se não tem a inteligência interpessoal desenvolvida. O adolescente com a inteligência lógico-matemática potencializada que se apresenta mais sociável nas relações interpessoais tem menos chance de ser rejeitado, pois se posiciona com conversas menos sérias e profundas.

Em face da facilidade em aprender, acaba resolvendo os exercícios rapidamente e, por não ter paciência de ficar aguardando do restante da classe, acaba querendo agir de uma forma independente, gerando, muitas vezes, polêmicas comportamentais. A frequência dessas atitudes acaba por propiciar que o aluno com a inteligência lógico-matemática potencializada se sinta entediado, tornando-se, às vezes, distraído.

Por ser a adolescência uma fase também de autoafirmação, há que se ter muita prudência ao agir com esse tipo de adolescente. Como citei anteriormente, trazemos ainda os resquícios dos resultados dos testes de QI, nos quais os que tinham excelente desempenho na área da matemática muitas vezes eram rotulados de *superdotados*. Portanto temos que, além de valorizar essa inteligência, também motivar todas as outras para que se dê o desenvolvimento amplo do indivíduo.

O professor deve se beneficiar da concentração, da criatividade, da observação, da perseverança existente no adolescente com a inteligência lógico-matemática potencializada para propiciar o desenvolvimento das outras inteligências.

As principais profissões para esse tipo de inteligência:

Cientistas, programadores de computadores, contadores, advogados tributaristas, banqueiros, matemáticos, analistas financeiros, engenheiros, físicos, mestres de obras, economistas, administradores de empresas.

Sou professor

10

Professor é o profissional responsável pela formação do indivíduo. É o que detém a arte de ensinar. Exerce uma das profissões mais antigas e mais importantes do mundo, pois a maioria das outras profissões depende dele.

O professor tem nas mãos a matéria-prima mais preciosa da sociedade: o ser humano. Ele tem a incumbência de transmitir valores, conhecimentos, visão de mundo, autoconfiança, arrojo, bem como desenvolver as inteligências múltiplas e tudo o mais que se fizer necessário para o desenvolvimento amplo do aluno.

Vimos, ao longo deste livro, que o indivíduo tem potenciais naturais que podem ser estimulados em razão do meio, das oportunidades, da sua cultura, por incentivo ou por vontade própria. Não importa por qual desses meios essa potencialidade será ativada, o que importa é que a potencialidade existente no interior de cada indivíduo pode ser ativada a qualquer momento, basta que ele queira.

Ao escolher essa profissão, o professor não tem todas as inteligências afloradas, mas poderá obtê-las, ou melhor, para ser um

bom profissional, deve potencializá-las. Assim, além de ter uma conduta diferenciada, terá embasamento para aflorar em seus alunos as inteligências múltiplas.

Fazendo uma analogia entre as profissões de ator e a de professor, percebemos que o ator, nos dias atuais, quanto mais versátil for, mais chance de sucesso terá. Em razão disso, ele aprende a cantar, dançar, patinar, fazer acrobacias e muitas outras coisas. Transporta-se aos anos 1950, anda de lambreta, fala usando os termos linguísticos da época, além de seguir a moda desse período, como o uso de chapéus e de penteados característicos. Se o personagem é um pescador, se comporta como tal; se é um empresário, o mesmo acontece. Como o ator consegue ter essa versatilidade? Estudando, fazendo laboratório, informando-se, pesquisando, treinando, enfim, desenvolvendo as inteligências múltiplas que lhe dão subsídios para que consiga atingir seus objetivos. O professor deve se empenhar e agir da mesma forma. **Quanto mais versátil for, melhor será a sua aula e, consequentemente, maior será a possibilidade de atingir cognitivamente seus alunos**.

Todas as pessoas nascem com as inteligências múltiplas, umas mais e outras menos potencializadas, que são passíveis de desenvolvimento quando estimuladas. O ideal é que haja um entrosamento e uma harmonia entre as inteligências, tornando o indivíduo um ser completo.

O professor atua diretamente na formação dos futuros cidadãos de um país. Tamanha responsabilidade tem de ser envolvida em muita dedicação, conhecimento, empenho e amor pela profissão. Ele é o responsável por indicar os caminhos que levam ao conhecimento e ao desenvolvimento. Essa é uma relação de puro amor, que atua como um facilitador no processo cognitivo e no de superação das dificuldades. Estamos falando, nesse caso, da intersecção das inteligências **inter e intrapessoal**; de a autoestima com o autoconhecimento, propiciando a autoavaliação, bem como conciliar a estima aos que estão à sua volta.

À medida que o professor estimula a inteligência interpessoal e intrapessoal, torna-se sensível às expressões faciais, aos gestos, ao tom de voz dos seus alunos. Sabe identificar quando o aluno está ou não integrado à aula, quando está acompanhando ou não o raciocínio ou, mesmo, se trouxe de casa algum problema ou algum aborrecimento. Pelo olhar, pode identificar se há alegria pela superação de uma dificuldade ou satisfação por uma boa ação, bem como o brilho febril de um adoentado ou o olhar suplicante em razão de uma indisposição.

A potencialização dessas inteligências contribui para que haja uma sintonia entre os sentimentos, propiciando uma interação mágica entre professor e aluno, estabelecendo um vínculo de respeito, solidariedade e amor.

A cumplicidade das inteligências intra e interpessoal propicia que o professor nunca se esqueça de que já esteve sentado nos bancos escolares, quando aluno. Portanto, deve entender perfeitamente as necessidades e as atitudes de seus alunos e não agir exatamente da mesma forma como agiam seus professores, que tanto criticava. Esse olhar intra e interpessoal desenvolve nos alunos a capacidade de interagir uns com os outros, estabelecendo o respeito à individualidade, propiciando a socialização e, consequentemente, a potencialização das inteligências intra e interpessoal.

À medida que essas inteligências vão sendo estimuladas, atitudes como agradecer, pedir licença, por favor, fazer gentilezas, socorrer um colega em dificuldades, ser sincero, não fazer fofocas, respeitar o outro vão se tornando mais frequentes. Ao serem desenvolvidas essas inteligências desde a educação infantil, com certeza, a qualidade dos adultos será indiscutivelmente melhor.

Para que se consiga praticar todas essas atitudes – ver, ouvir, sentir sensações, gostos, aromas, expressar emoções, dificuldades, doenças – bem como, para que ocorra a aprendizagem, necessitamos de um corpo. Esse corpo necessita de cuidados e, como já falamos, precisa ser alimentado tanto organicamente quanto afetivamente. Com os cuidados afetivos, estimulamos as inteligências intra e interpessoal. O corpo é o nosso veículo de comunicação e é nele que todas as outras inteligências se fazem presentes, fundamentando a interligação das inteligências múltiplas.

<u>A motivação da inteligência corporal-cinestésica também é fundamental</u>. Quanto mais ela é exercitada no ser humano, melhor ele fica e melhor se coloca como ser social.

O professor, ao desenvolver essa inteligência em si mesmo, está acionando também sua criatividade. A criatividade se desenvolve por meio exercícios constantes e pode tomar proporções inimagináveis.

Com a inteligência corporal-cinestésica estimulada, o professor consegue, em suas aulas, deter a atenção tanto dos coporal-cinestésicos quanto dos demais, que não têm essa inteligência potencializada. Sua desenvoltura diante da classe será motivadora, utilizando recursos desde os mais excêntricos e inéditos até os mais simples e corriqueiros, resultando numa aprendizagem que acontecerá de forma eficaz. O maravilhoso de uma aula ministrada pelo professor que se vale da linguagem corporal-cinestésica é que os alunos interagem o tempo todo. É a ação e a reação, o agir e o interagir, não havendo lugar para o monólogo.

A motivação da inteligência corporal-cinestésica no professor é fundamental para que esta interaja com a inteligência intrapessoal, pois, tendo conhecimento de sua autoimagem e de sua autoestima, pode o professor ter uma desenvoltura maior ao expor, por meio dos mais variados recursos, sua criatividade. Com a inteligência interpessoal motivada, o professor sabe como lidar com as pessoas, sabe quando sua didática está dando certo, quando é tempo de parar ou de mudar, se os alunos estão recebendo as informações de forma proveitosa, enfim, a comunicação é muito mais completa e o resultado mais satisfatório.

Recursos como atividades diferenciadas, jogos, estratégias criativas, música, gestos e tudo o mais que a criatividade propicia deverão ser iniciados no berçário e se prolongar até o final do ensino médio. A inteligência corporal-cinestésica, quanto mais estimulada, mais potencializada fica. O professor também pode dispor dessa inteligência como recurso revigorante. Isso se dá quando ele percebe, por meio do uso da inteligência interpessoal, que seus alunos estão cansados e, em razão disso, dispersos. Deve, então, interromper a aula por cinco minutos e aplicar exercícios psicomotores. Esses intervalos são excelentes para descontrair e para reabilitar a atenção. Esse recurso é muito bem-vindo também nos cursos universitários e na Educação de Jovens e Adultos (EJA), uma vez que, nesses casos, os alunos já chegam cansados do trabalho e precisam de um bom estímulo para permanecerem acordados e atentos.

A inteligência espacial também dispõe de relação íntima com a inteligência corporal-cinestésica e, por consequência, com a interpessoal e a intrapessoal. O professor com essa inteligência estimulada tem uma visão holística da classe e, por essa razão, tem pleno domínio do espaço, utilizando-o amplamente.

Esse tipo de professor tem sempre uma boa colocação em sala de aula, dificilmente permanecendo somente na frente da classe. Anda por toda a sala, tendo um contato maior e mais próximo com todos os alunos. Tem o hábito de explicar gesticulando ou, melhor dizendo, interpretando o que ensina, dando vida aos conceitos.

Promove, com frequência, atividades fora da sala de aula, procurando utilizar o pátio da escola ou áreas ao ar livre em locais como parques, bosques e outros similares. Quando sua proposta é atuar em classe, poderá adequá-la, afastando as carteiras a fim de obter um espaço satisfatório para desenvolver suas atividades. Também tem preferência por dar aula aos alunos sentados em círculo ou semicírculo. Dependendo do ano, muitas vezes prefere sentar-se no chão e ter todos à sua volta.

Em razão da sua visão holística, costuma estimular a participação total dos alunos. Trata-os pelo nome e, nos casos em que identifica algum aluno tímido ou introvertido, procura gesticular exatamente igual à forma que ele se expressa, propiciando, com essa semelhança, a transmissão de segurança. Sabe trabalhar muito bem todo o espaço da lousa. Distribui a matéria de forma sequencial e harmônica e usa sempre cores variadas para dar ênfase e destacar a posição das informações mais importantes.

Por dominar essa inteligência, sabe como orientar didaticamente o aluno dos anos iniciais a se posicionar no caderno, escrever na linha da esquerda para a direita, de cima para baixo etc. Também alerta o aluno para que, chegando ao final da folha, use a que vem logo a seguir, tomando o cuidado de verificar se virou somente uma, e não várias como já vimos em outros exemplos. O desenvolvimento da escrita na educação infantil também requer o estímulo do desenvolvimento da inteligência espacial. O mesmo ocorrerá quanto à sequência numérica, à posição das letras (**b** e **d** e outras), à posição dos números (68 e 86 e outros), à ordem crescente e decrescente, e assim por diante.

A inteligência linguística ou verbal deve ser uma segunda pele para o professor. Ele usa essa inteligência ininterruptamente, e é por meio dela que irá motivar e potencializar todas as outras. Os comandos serão, podemos assim dizer, todos ministrados mediante a inteligência linguística ou verbal.

O professor, ao optar por seguir essa profissão, já evidencia a potencialização dessa inteligência. Quanto mais aula ele dá, mais a exercita, e mais potencializada ela fica. Ocorre, porém, de ele ter de se valer da inteligência intrapessoal e interpessoal como um instrumento de freio, ou seja, o professor deve saber escutar o aluno, dar oportunidade para que ele se manifeste e sempre incentivar o desenvolvimento dessa inteligência.

Existe aquele professor que fala ininterruptamente em sala de aula, desde o momento em que chega até o de ir embora. Nunca sobra tempo para perguntas nem para qualquer outro tipo de intervenção. Esse professor protela toda e qualquer intervenção por parte dos alunos sempre para a próxima aula. O professor está em sala para mediar o conhecimento. A mediação, para existir, deve ter dois polos: o conhecimento de um lado e o aluno do outro. Se o professor fala o tempo inteiro sem propiciar a participação do aluno, não está atuando como mediador; está, sim, posicionando-se como um dos polos e o conhecimento está no outro, em que o professor faz conexão consigo mesmo, não sobrando lugar para o aluno, que é somente um mero expectador. Essa era a visão da escola do passado, a qual ainda se mantém viva em muitas escolas espalhadas pelo nosso país. Nesse sentido, o professor deve usar a inteligência linguística ou verbal para criar oportunidades, nas quais o aluno possa argumentar, discutir, comparar, experimentar situações e, com isso, evoluir cognitivamente. Ele precisa propiciar que o aluno construa seu conhecimento de dentro para fora.

Como diz Jean Piaget (1926, p. 11):

> *O bom experimentador deve, efetivamente, reunir duas qualidades muitas vezes incompatíveis: saber observar, ou seja, deixar a criança falar, não desviar nada, não esgotar nada e, ao mesmo tempo, saber buscar algo de preciso, ter a cada instante uma hipótese de trabalho, uma teoria, verdadeira ou falsa, para controlar.*

O professor que possui a inteligência linguística ou verbal associada à inteligência musical potencializada, terá uma sonoridade encantadora na voz. Suas palavras obedecerão a um ritmo cadenciado, soando como música. É aquele professor com voz suave que, ao dar aula, confere diferentes entonações de acordo com a importância dos itens expostos. Segue um ritmo ao falar, de modo que não provoca cansaço auditivo nem irritação. Normalmente apresenta um comportamento calmo, com atitudes tranquilas e dificilmente perde a calma. Não é impulsivo e nunca irá entrar em classe aos gritos. O gritar realmente não faz parte da realidade de quem tem essa inteligência potencializada. Ao contrário daquele professor que fala gritando e que quanto mais se "empolga" mais grita, provocando, com isso, um estresse em seus alunos, mesmo antes de aula chegar ao seu final.

A voz é o mais importante instrumento de trabalho do professor e, normalmente, ninguém ensina a usá-la corretamente. Quem possui a inteligência musical potencializada, tem as técnicas de respiração, de postura corporal, de volume da voz bem interiorizada, não havendo a sobrecarga. Essa é uma das grandes razões para que o professor aflore a inteligência musical quando esta não lhe é potencializada. É muito importante que ela seja estimulada, pois o ritmo está presente na cadência dos movimentos gráficos, no espaço que se dá entre uma palavra e outra, na harmonia da disposição do texto no caderno, bem como na leitura, ao dar a entonação correta respeitando a pontuação. Ter ritmo para ler é de fundamental importância para que ocorra o entendimento. A criança que não respeita as vírgulas e muito menos o ponto-final, ao terminar a leitura, não terá entendido nada do que leu. Muitas vezes, o aluno não consegue interpretar o texto justamente pela falta de ritmo ao ler, deixando o texto sem nexo.

Ter esse inteligência potencializada é importante, principalmente para o professor alfabetizador e de língua portuguesa, pois saberá falar as palavras com a colocação correta da sílaba tônica, uma vez que a força da palavra está justamente nessa sílaba. O mesmo acontece nas frases em que algumas palavras merecem maior ênfase. A entonação delas também é de suma importância, pois a variação facilita a compreensão do seu conteúdo. Podemos dizer que esses itens dão origem à melodia do nosso idioma.

A inteligência musical interage com a interpessoal e intrapessoal, pois propicia a socialização e uma melhor visão de mundo. Atua na inteligência corporal-cinestésica propiciando a aplicação de atividades rítmicas que utilizem o próprio corpo, em especial os cinco sentidos. É também fundamental para o desenvolvimento da inteligência espacial e lógico-matemática, uma vez que as conexões nervosas acionadas para ler e executar uma partitura são muito parecidas com as utilizadas para realizar operações matemáticas. A inteligência linguística ou verbal também se beneficia da interação com a inteligência musical, em razão de ser uma forma de comunicação que se associa à inteligência naturalista, levando mensagens de respeito ao ecossistema.

Estamos vivendo um momento muito complexo em relação ao meio ambiente. A preocupação com a preservação da natureza é uma questão de sobrevivência. Assim sendo, a inteligência naturalista não só tem, como deve, ser estimulada desde a educação infantil. A educação ambiental está intimamente ligada à educação do indivíduo e deve começar com atitudes do cotidiano tanto da criança quanto do adulto. É necessário, para isso, trabalhar o conceito de que a rua, a cidade, o estado, o país, o mundo, enfim, o planeta Terra pertence a todos nós, e, por isso, devemos cuidar muito bem dele, caso contrário, sofreremos, como já estamos sofrendo, as consequências dos nossos atos. Todos temos nossa parcela de culpa, seja por ação ou por omissão, e isso tem que ser revertido.

O professor deve desenvolver a inteligência naturalista por meio da conscientização para que as atitudes de preservação integrem o cotidiano de todos.

A criança pequena traz consigo a admiração e o encantamento pela natureza. Ela adora brincar na água, na terra, cheirar florzinhas, e ama os animais, não importa qual seja. Ao ver um cachorro, uma cobra ou uma taturana, ela quer pegar na mão. Nós, adultos, é que lhe incutimos medos, conceitos de perigo e de nojo. É claro que não estou querendo dizer com essas afirmações que devemos deixar a criança pegar uma cobra ou, mesmo, uma taturana para brincar. O que devemos mudar é a forma como passamos essas informações para ela. Devemos explicar a importância de cada animal e que alguns podem viver entre os seres humanos e outros não, mas que todos merecem o nosso respeito.

A criança, à medida que vai desenvolvendo suas inteligências, vai tendo mais capacidade de compreender a magia que envolve a natureza. Por meio da inteligência intrapessoal, ela pode observar a diversidade dos hábitos comportamentais das mais variadas espécies e entender que um tatu se sente protegido no fundo de um buraco, bem como um gavião no cume de um penhasco. Já por meio da inteligência interpessoal ela se sensibiliza com as sociedades que cada espécie organiza e as regras seguidas por elas, como as disputas entre os machos por uma fêmea; por intermédio da inteligência corporal-cinestésica, admira o balé produzido pelos beija-flores; e com a inteligência espacial, surpreende-se com a noção de espaço percorrido pelos animais na fuga de seus predadores ou com a pontaria certeira da língua do sapo ao capturar um besouro. Com a inteligência musical aflorada, o aluno pode compartilhar da magia do canto dos pássaros para despertar o amor da fêmea, bem como poderá perceber a modificação desse canto quando ele avisa a presença de predadores. Essa variação de linguagem desenvolvida como defesa para a sobrevivência interage também com a inteligência linguística ou verbal. Através da inteligência lógico-matemática, a criança poderá observar a precisão da construção dos favos de uma colmeia. Nesse contexto, quanto mais desenvolvermos nossas inteligências, maiores serão as possibilidades de evolução cognitiva.

Finalmente, o professor que não tem a inteligência lógico-matemática potencializada, deve desenvolvê-la, pois poderá agir com muito mais espontaneidade ao ministrar suas aulas, uma vez que conhece exatamente o mecanismo pelo qual se dá a aprendizagem. Melhor explicando, ele sabe que o aluno deve, primeiramente, apossar-se do conhecimento obtido pelos sentidos. Somente após a construção do conhecimento físico é que ele poderá obter a construção do conhecimento lógico-matemático.

É por essa razão que a aprendizagem acontece de dentro para fora.

Ao final deste trabalho, espero ter compartilhado todas as coordenadas para que você possa identificar nos seus alunos, desde o berçário até o final do ensino médio, as inteligências múltiplas e alertá-los sobre a importância da conscientização e do desenvolvimento de todas elas. Deve-se não só motivar aquela inteligência que o indivíduo tem mais potencializada e que, por consequência, faz parte da sua vocação, mas também o desenvolvimento das outras inteligências como um reforço para o desenvolvimento amplo e consciente do indivíduo.

Para poder desenvolver as inteligências múltiplas, é preciso conhecê-las e identificá-las. A identificação é o primeiro passo a caminho do desenvolvimento.

referências

ANTUNES, Celso. **Diário de um educador**: temas e questões atuais. Campinas: Papirus, 2007.

BAUM, William M. **Compreender o behaviorismo**: comportamento, cultura e evolução. Porto Alegre: Artmed, 1998.

BINET, Alfred; SIMON, Theodor. **Testes para a medida do desenvolvimento da inteligência nas crianças**. Tradução, notas e prefácio de Lourenço Filho. São Paulo: Melhoramentos, 1929. (série Biblioteca de Educação, v. 5).

BORUCHOVITCH, Evely; BZUNECK, José Aloyseo. **A motivação do aluno**: contribuições da psicologia contemporânea. Rio de Janeiro: Vozes, 2001.

BRENELLI, Rosely Palermo. **O jogo como espaço para pensar**: a construção de noções lógicas e aritméticas. Campinas: Papirus, 1996.

BUENO, Francisco da Silveira. **Dicionário escolar da língua portuguesa**. 11. ed. Rio de Janeiro: Ministério da Educação e Cultura; Departamento Nacional de Educação, 1992.

CAMÕES, Luiz Vaz de. Os Lusíadas. São Paulo: Martin Claret, 2006.

CARREHER, Terezinha Nunes. **O método clínico**: usando os exames de Piaget. São Paulo: Cortez, 1998.

DECK, Carol S. **Por que algumas pessoas fazem sucesso e outras não**: saiba como você pode ter êxito entendendo o código de sua mente. Rio de Janeiro: Objetiva, 2008.

DIMENSTEIN, Gilberto; ALVES, Rubem. **Fomos maus alunos**. Campinas: Papirus, 2008.

FERREIRA, Aurélio Buarque de Holanda. **Dicionário da língua portuguesa**. Rio de Janeiro: Nova Fronteira, 1993.

FLEURY, Susy. Chega de convulsão. **Revista Veja**, São Paulo, n. 1563, 9 set. 1998. Páginas Amarelas. Entrevista. Disponível em:<http://veja.abril.com.br/090998/p_011.html>. Acesso em: 2 jun. 2011

FONTANA, David. **Psicologia para professores**. São Paulo: Loyola, 1998.

FREIRE, Paulo. **Pedagogia da autonomia**: saberes necessários à prática educativa. São Paulo: Paz e Terra, 1996.

FREIRE, Paulo. **Pedagogia do oprimido.** Rio de Janeiro: Paz e Terra, 1987.

FREITAS, Maria Teresa de Assunção. **Vygotsky e Bakhtin**: psicologia e educação – um intertexto. São Paulo: Ática, 1994.

GARDNER, Howard. **A criança pré-escolar**: como pensa e como a escola pode ensiná-la. Porto Alegre: Artmed, 1996.

_____. **Arte, mente e cérebro**: uma abordagem cognitiva da criatividade. Porto Alegre: Artmed, 1999.

_____. **As artes e o desenvolvimento humano.** Porto Alegre: Artmed, 1997.

_____. **Cinco mentes para o futuro.** Porto Alegre: Artmed; Bookman, 2007.

_____. **Estruturas da mente**: A teoria das inteligências múltiplas. Porto Alegre: Artmed, 1994.

_____. **Inteligência**: um conceito reformulado. Rio de Janeiro: Objetiva, 1999.

_____. **Inteligências múltiplas**: a teoria na prática. Porto Alegre: Artmed, 2000.

_____. **Mentes que lideram**: uma anatomia da liderança. Porto Alegre: Artmed 1996.

_____. **Teoria das inteligências múltiplas**. Porto Alegre: Artmed, 1993.

GOLEMAN, Daniel. **Inteligência emocional**: a teoria revolucionária que redefine o que é ser inteligente. Rio de Janeiro: Objetiva, 1996.

GRÉGOIRE, Jacques. **Avaliação dos problemas de leitura**: os novos modelos teóricos e suas implicações diagnóticas. Porto Alegre: Artmed, 1997.

JORNAL REPLAY. **Suécia 1958**. Disponível em: <http://www.jornalreplay.net/copas/copa58.htm>. Acesso em: 2 jun. 2011.

_____. **A criança e o número**: implicações educacionais da teoria de Piaget para a atuação junto a escolares de 4 a 6 anos. Campinas: Papirus, 1996.

KAMII, Constance; DECLARK, Georgia. **Reinventando a aritmética**: implicações da teoria de Piaget. Campinas: Papirus, 1985.

KRECHEVSKY, Mara. **Avaliação em educação infantil**. Porto Alegre: Artmed, 1991.

LAKOMY, Ana Maria. **Teorias cognitivas da aprendizagem**. Curitiba: Ibpex, 2008.

LA TAILLE, Yves de. **Piaget, Vygotsky, Wallom**: teorias psicogenéticas em discussão. São Paulo: Summus, 1992.

MELÃO Júnior, Hindemburg. **Introdução aos "testes de QI"**. Disponível em: <http://www.sigmasociety.com/artigos/introducao_qi.pdf>. Acesso em: 2 jun. 2011.

MIRANDA, José Vicente. **Políticas educacionais**. Curitiba: Ibpex, 2003.

MOLON, Susana Ines. **Subjetividade e constituição do sujeito em Vygotsky**. Petrópolis: Vozes, 2003.

MONARCHA, Carlos. **Lourenço Filho e a organização da psicologia aplicada à educação**. Brasília: Inep, 2001.

PATTO, Maria Helena S. **A produção do fracasso escolar**: histórias de submissão e rebeldia. São Paulo: Casa do Psicólogo, 1999.

PIAGET, Jean. **A construção do real na criança**. Rio de Janeiro: Zahar, 1970.

_____. **A epistemologia genética**. Rio de Janeiro: Vozes, 1971.

_____. **A formação do símbolo na criança**. Rio de Janeiro: Zahar, 1990.

_____. **A representação do mundo na criança**. Rio de Janeiro: Record, 1926.

_____. **Biologia e conhecimento**: ensaio sobre as relações entre as regulações orgânicas e os processos cognoscitivos. Petrópolis: Vozes, 1996.

_____. **O nascimento da inteligência na criança**. Rio de Janeiro: Zahar, 1975.

_____. **O raciocínio da criança**. Rio de Janeiro: Record, 1967.

PIAGET, Jean; INHELDER, Bärbel. **A psicologia da criança**. São Paulo: Difusão, 1986.

RAPPAPORT, Clara Regina. **Psicologia do desenvolvimento**. São Paulo: EPU, 1981.

REGO, Teresa Cristina. **Vygotsky**: uma pesquisa histórico-cultural da educação. Petrópolis: Vozes, 1995.

SAYÃO, Rosely. AQUINO, J. Groppa. **Em defesa da escola**. Campinas: Papirus, 2004.

VEER, René Van Der; VALSINER, Jaan. **Vygotsky**: uma síntese. São Paulo: Loyola, 2001.

VYGOTSKY, Lev S. **A formação social da mente**: o desenvolvimento dos processos psicológicos superiores. São Paulo: M. Fontes, 2000.

_____. **Pensamento e linguagem**. São Paulo: M. Fontes, 1989.

_____. **A evolução psicológica da criança**. São Paulo: M. Fontes, 2007.

WALLOM, Henri. **Psicologia e educação da criança**. Lisboa: Vega/Universidade, 1979.

estudos de caso

Como educadora, sempre tive um olhar atento e questionador para tentar entender como ocorre o processo da aprendizagem. Sempre me preocupei com o fato de o professor precisar desse conhecimento a fim de poder auxiliar seus alunos a encontrarem o melhor caminho para se apropriarem do conhecimento. Essa minha visão sempre descartou completamente o "decorar", o "memorizar" e as demais "técnicas" usadas e cobradas nas escolas, por meio das provas, como forma de verificação da apropriação do conteúdo. Eu não queria isso porque tinha consciência de que decorar não significava entender e muito menos aprender. Sabia que o conteúdo decorado poderia ser esquecido diante de um nervosismo, fato comum em dias de provas, inclusive vivenciado por mim nos meus tempos escolares. Além disso, o que se decora tem de ser lembrado na sequência em que foi decorado, pois, quando esquecida uma palavra, todo o resto ficava comprometido. Essa reprodução não poderia significar aprendizagem, pois, muitas vezes, a criança repetia palavras que nem sabia o significado.

Em meu tempo de Ginásio, que equivale ao Fundamental II de hoje, eu decorava as obras literárias desenvolvendo uma história com os títulos para que me lembrasse no momento da prova. Por exemplo: "Castro Alves colocou **Os Escravos no Navio Negreiro**, que afundou numa grande **Tragédia no Mar**, promovendo muitas **Espumas Flutuantes**, e em sua homenagem tocaram os **Hinos do Equador**". Se eu não tivesse feito essa historieta, com certeza, só me lembraria da sua obra mais famosa, também porque já a li por iniciativa própria. Ou seja, eu propus a mim mesma um desafio para solucionar esse problema que era o de ter que decorar as obras dos autores, bem como os afluentes dos rios e assim por diante.

Movida por esse ímpeto, interessei-me pelo tema inovador de Howard Gardner, sua **Teoria das inteligências múltiplas (1993)** e comecei a anotar, em meu caderninho particular, toda situação vivenciada em minha sala de aula envolvendo o comportamento dos meus alunos que me chamasse atenção. Com esse olhar atento, comecei a perceber a riqueza da diversidade existente na sala de aula e pude perceber que cada aluno é único. Constatei que há aluno que tem facilidade para determinada disciplina e verdadeiro bloqueio para outra, porém, se lhe for proposto desafios utilizando diferentes recursos, ele pode até vir a superar essa dificuldade. Respaldei-me nos exemplos dos atletas que, para conseguirem se destacar no esporte, escolheram desenvolver habilidades através do empenho, da motivação, da perseverança, superando desafios até conseguirem atingir seus objetivos.

Comecei por me desafiar a aprender a tricotar e a bordar arraiolo, tarefas que nunca me despertaram interesse. Senti dificuldades, principalmente no tricô, no início, mas depois comecei até a gostar. Esse desafio me fez crer que realmente a aprendizagem pode ocorrer em qualquer época da vida.

Embasada nos registros empíricos de Gardner (1993), que observou o desenvolvimento de diferentes habilidades em crianças normais, superdotadas, excepcionais (em especial os autistas) e em adultos que sofreram lesões cerebrais, comprovando que há o comprometimento de algumas habilidades, porém não de todas, inspirei-me em tentar fazer a criança aprender usando diferentes linguagens, propondo-lhe desafios, sempre respeitando seu tempo e sua diversidade.

Constatei, também, que um aluno que tinha dificuldade em concentrar-se, após ser estimulado a brincar montando quebra-cabeças, melhorou seu tempo de concentração. Aquele que tinha dificuldade na linguagem escrita, e consequentemente na linguagem oral, após ter a leitura incentivada, teve seu vocabulário ampliado e passou a se expressar com mais clareza e numa "sequência de pensamentos", com início, meio e fim.

Esse trabalho de campo me motivou a atuar nos mais variados níveis da escola, indo desde a educação infantil até o ensino médio. Tive, então, a oportunidade de acompanhar, de perto, o crescimento e o desenvolvimento de alguns alunos em especial, o qual relato aqui, com minhas observações empíricas e as conclusões a que cheguei.

O contato diário com os pais desses alunos na escola, principalmente na educação infantil, contribuiu e muito para que minhas observações fossem possíveis, pois tanto no início quando no final do período letivo havia a troca entre mim e eles. Muitas vezes lhes sugeri determinados desafios a serem propostos em casa, com a família, e o retorno dado por eles foi sempre muito rico.

O meu interesse pelo comportamento das crianças em fase de aprendizagem foi além da sala de aula, pois, por morar em uma cidade do interior e por ter três filhos (duas meninas e um menino), sempre tive a casa cheia de crianças. Isso me favoreceu em minhas observações também no foco comportamental. Mas foi no ambiente escolar que minhas observações foram mais produtivas, pois foi ali que aprendi a olhar cada aluno como um ser único. Aprendi que eles são diferentes, que aprendem de formas e em tempos diferentes, mas que, apesar disso, todos aprendem; e que eu, como professora, tinha o compromisso de me comunicar em diferentes linguagens, tentando "atingir" cada um dos meus alunos ao promover desafios, levando-os a pensar, a experimentar, a refletir, a vencer dificuldades, a formar opinião, enfim, a aprender.

Nos relatos que se seguem, compartilho com o leitor todas as observações por mim realizadas em cada estudo de caso, com o intuito maior de comprovar que é possível, a qualquer pessoa, observar e identificar, pelo comportamento, as inteligências que são inatas e as que precisam ser incentivadas para que, tanto pais quanto professores possam conhecer melhor seus filhos e alunos, saber como se comunicar com eles e, de posse dessas observações, consigam motivar o desenvolvimento das demais inteligências, sempre propondo desafios e levando-os à reflexão.

É importante ressaltar que, embora os casos sejam de observação factual, os nomes empregados aqui nesses relatos são fictícios, com o intuito de preservar as pessoas e as situações descritas.

Caso 1- André

André era um bebê feliz e saudável que vivia cercado de muita atenção. Desde os primeiros meses apresentou dificuldades para dormir, pois preferia pegar no sono quando estava em movimento, nos sacolejos do carro. Esse hábito foi reforçado pelos pais que, já tendo tentado inúmeras outras opções, não viram outra solução.

O porém é que André nasceu em São Paulo, em maio de 1979. A cidade fria e úmida nessa época do ano não era nada convidativa para um passeio de carro, então, já em desespero, pois sem os sacolejos o bebê não dormia, o pai resolveu distribuir, sobre o tapete da sala, várias ferramentas achatadas e ficar passando o carrinho de bebê de André sobre elas, os pequenos movimentos sacolejantes fizeram, enfim, com que o bebê dormisse.

Esse hábito foi, então, adaptado ao dia a dia dos pais de André, que sempre executavam o mesmo procedimento para que ele dormisse, pois, caso contrário, o bebê só chorava e não dormia.

André não desenvolveu o hábito de chupar chupeta, e sim o dedo, principalmente nas ocasiões em que se sentia triste ou contrariado.

Ao completar um ano de idade, André não cabia mais no carrinho e passou a dormir no berço. Como o berço não balançava, ele encontrou uma outra maneira de sentir seu corpo ao dormir: colocava, dentro do berço uma grande quantidade de carrinhos de metal e dormia tranquilamente sobre eles. Sua mãe se desesperava ao ver o filho com o rosto e as costas sobre os brinquedos, retirando-os assim que percebia que o filho estava em sono profundo. André, então, acordava e chorava, levando a mãe a se convencer de que ele se sentia bem dormindo sobre seus carrinhos.

Ao observar André e seus comportamentos, pude perceber que ele possuía inteligência corporal-cinestésica potencializada; ele estava buscando, com todas essa opções, o "sentir" seu corpo presente.

Nas refeições, até os dois anos, adorava manusear a comida apertando-a nas mãos, formando uma massa pastosa. Quando era repreendido, batia a cabeça dentro do prato cheio de comida. Às vezes, batia com o prato na cabeça espalhando comida por toda a parte, em sinal de protesto.

À medida que crescia, André desenvolvia o hábito de, além de chupar o dedo, chupar muitas balas, pois isso o deixava mais calmo, e assim a mãe mantinha um pote de balas sempre abastecido em casa. Demorou muito para sair das fraldas. Com quatro anos ainda as usava para dormir e sempre, ao acordar, fazia cocô, permanecendo sujo, hábito que nunca o incomodou, pois nunca avisou que havia feito e muito menos pediu para ser trocado.

A mãe de André passou por muitos momentos delicados. Ele engoliu uma moeda e teve que fazer lavagem estomacal. Depois engoliu uma semente de "olho de cabra"; dessa vez não foi preciso realizar a lavagem por ela ser roliça, porém sua mãe teve que acompanhar, verificando suas fezes para se certificar de que havia sido expelida. Tempos depois, colocou um pedaço de borracha escolar dentro do ouvido, levando a ter que dilatar esse órgão para que pudesse ser retirada.

André teve uma adaptação muito difícil ao entrar na educação infantil. Desde o momento em que colocava o uniforme começava a chorar, espernear, a se bater, mantendo esse comportamento até chegar à porta da escola. Sua mãe teve de ser muito forte e persistente para não desistir de tudo. Essa "odisseia" durou cerca de cinco meses, tanto é que, nas férias de julho, sua mãe continuou a levá-lo no curso de férias para não interromper o processo.

Tinha de ter sempre um brinquedo nas mãos. Tomava banho, almoçava, ia para a escola sempre carregando um carrinho. Suas brincadeiras eram sempre de sair correndo e dar encontrão nos coleguinhas. Quando brincava com os carrinhos, não gostava de subir e descer sobre pontes ou fazer outros percursos, seu prazer estava em dar trombadas ou atirá-los de encontro às paredes. Adorava carrinhos de todas as cores e modelos, porém, assim que os ganhava, já lhes arrancava as rodas, as portas, o motor, pois tinha curiosidade em explorar o brinquedo por completo.

Sempre foi um menino birrento, que se jogava no chão, espernava, gritava, principalmente ao ser contrariado. Seus pais não eram permissivos e iam de encontro a esses comportamentos, porém, de nada adiantava ele ficar sentado "pensando" sobre seus atos, pois continuava a agir da mesma forma. Chegou, algumas vezes, a arrancar o próprio cabelo e a se morder ao fazer essas birras.

Na escola, sempre quebrava seu material, mesmo sem ter a intenção. Ao pintar os desenhos, aplicava tanta força que quebrava as pontas dos lápis a todo o instante. Então, levantava-se e ficava no lixo da classe apontado o lápis. Repetia esse comportamento inúmeras vezes num mesmo dia. Também não conseguia ficar sentado por muito tempo, levantando-se constantemente para pegar alguma coisa que havia caído no chão ou para jogar algo no lixo. Ao ficar sentado, mudava a todo instante de posição, ora esticando as pernas, ora com as pernas dobradas em posição de índio sobre a cadeira, ora balançando as pernas. Chegou a cair da cadeira inúmeras vezes.

Aos 10 anos, mantinha ainda o ato de correr e não o de andar. Era difícil voltar para casa sem ter um joelho, um cotovelo ou a testa ralados.

André não era muito de conversar. Quando lhe perguntavam alguma coisa e a resposta era afirmativa, respondia "anhrã". Se a resposta era negativa, respondia "anhrã", mudando apenas a entonação.

Já adolescente, enquanto ouvia a explicação da matéria, ficava fazendo caricatura dos seus colegas de classe e do professor. No seu caderno quase não havia anotações, somente desenhos. Porém, suas notas não eram tão ruins assim.

Um dia resolveu se inscrever para integrar o time de vôlei da escola. Não se adaptou muito bem. Em seguida, tentou o basquete, mas por não ter muita altura se sentiu prejudicado e saiu. Tentou mais tarde o atletismo e chegou a participar dos jogos colegiais na categoria salto triplo, porém sofreu uma contusão ao cair de mau jeito e não obteve classificação, ficando desolado. Depois, inscreveu-se para a prática de saltos ornamentais. Dessa vez ele se encontrou, pois participou dos Jogos Abertos do Interior e conquistou sua primeira medalha de ouro. A partir desse momento, soube que sua vocação estava nas piscinas e no esporte. Ao concluir o ensino médio, entrou para a faculdade de Educação Física.

Analisando a trajetória de André, podemos confirmar que a inteligência que ele tem mais potencializada é a **corporal-cinestésica**. Mas se ele tivesse sido estimulado, desde bebê, em suas outras inteligências, poderia, ainda assim, escolher a área de esportes como profissão, porém, sua melhora na **noção espacial** lhe propiciaria uma desenvoltura muito melhor ao desempenhar os saltos. Sua relação com os demais esportistas seria muito melhor com a **inteligência interpessoal** desenvolvida em sintonia com a **linguística ou verbal**. A inteligência **intrapessoal** o ajudaria na concentração e a **musical** seria de extrema importância no desenvolvimento do ritmo aplicado na execução dos movimentos. A inteligência **naturalista** lhe proporcionaria um prazer maior no contato com o bem mais precioso do planeta: a água. A **lógico-matemática** potencializada lhe daria subsídios ao seu raciocínio lógico na execução dos saltos.

Enfim, caso todas as Inteligências Múltiplas tivessem sido estimuladas, André seria uma pessoa mais comunicativa, com atitudes menos agressivas, desenvolvendo uma melhor convivência em grupo, além de ter condições para se aperfeiçoar cada vez mais na profissão escolhida.

Caso 2 – Breno

Breno, o segundo filho de um casal que teve uma menina como primogênita, desde que nasceu, mostrou-se tranquilo. Dormia sozinho no aconchego de seu berço e sempre abraçado à um "piu-piu" de pelúcia que era quase do seu tamanho. Após os seis meses, passou a dormir mexendo na orelha, mas com o brinquedo de pelúcia sempre ao lado.

Estranhava com facilidade as pessoas que não eram de seu convívio social. Ao sair de casa, não era o tipo de criança que saía correndo e pulando, estava sempre "grudado" com a mãe, de quem quase não largava a mão.

Aos três anos foi matriculado na natação com o intuito de fazer amizades, mas isso se tornou um castigo, pois, ao perceber que iria para a academia, já começava a chorar.

Sua mãe então o colocou no judô. Novamente isso virou uma tortura para Breno. No dia da aula sua mãe tinha de ficar incentivando-o a parar de chorar e a entrar no clube, pois o choro começava na hora de colocar o *kimono* até o momento de entrar na sala. A mãe argumentava que ele iria conhecer uma porção de amigos e aprender um esporte maravilhoso, mas todo tipo de motivação, como mudar de faixa e ser destacado pelo professor, não deu certo. Depois de muita conversa sua mãe conseguia que Breno entrasse na sala de judô, porém tinha que ficar de janela do salão olhando para ele que não tirava os olhos dela. Se porventura ela olhasse para o lado, ele saía da aula e corria em sua direção, perguntando se ela iria continuar ali. Ela insistiu por três meses e depois não o levou mais.

Resolveu, então, matriculá-lo na educação infantil. Foi outro suplício. Ele chorou por meses. Não se identificava com nenhum amigo, com nenhum brinquedo e nem com a professora.

O tempo passou e sua mãe, dessa vez, insistiu e não o tirou da escola. Ele levou muito tempo, mas se adaptou. Passou a gostar da escola e arranjou um amigo, porém, limitava o seu convívio apenas ao espaço escolar, nunca o convidando para brincar em sua casa e nem aceitando ir brincar na casa dele. Em casa, passava horas brincando com brinquedos de armar, quebra-cabeças e massinhas.

Sempre foi organizado com seus brinquedos – que raramente estragava ou quebrava – e com suas coisas. O seu quarto sempre esteve arrumado. Tinha um grande baú no quintal onde eram guardados os brinquedos mais simples, pois os de controle remoto ficavam enfeitando seu quarto. Quando ia brincar, tirava os brinquedos do baú e passava um bom tempo se entretendo com eles, se resolvia mudar de brincadeira, guardava tudo organizadamente no baú.

Quando era convidado para o aniversário de algum coleguinha da escola, sua mãe o levava para a festa e ele ia bem animado. Ao entrar no salão de festas, Breno se encostava a uma parede, de preferência que tivesse uma boa visão de tudo que acontecia, e lá ficava observando tudo. Não brincava, não participava das brincadeiras proporcionadas pelos animadores da festa, não comia nada, só ficava ali, parado, observando. Quando sua mãe chegava para buscá-lo, encontrava-o no mesmo lugar, praticamente na mesma posição. Ao levá-lo embora, ela perguntava sobre o que tinha acontecido na festa e ele relatava as brincadeiras sucintamente, limitando-se a responder o que ela lhe perguntava, sem florear e nem destacar nenhum fato. Quando lhe perguntava se havia gostado da festa, respondia que tinha gostado muito.

Nunca demonstrou qualquer sentimento de tristeza por não se comportar da mesma forma que os outros amiguinhos que brincavam em grupo, corriam, dançavam e faziam todas as peripécias normais da idade. Breno se sentia uma criança feliz, embora sua mãe ficasse muito preocupada com seu comportamento. Ele sempre administrou bem seus sentimentos, sempre teve opinião própria, não se deixando influenciar por ninguém. Ao tomar uma decisão, desde pequeno, não voltava atrás. Esse tipo de comportamento gerou, por diversas vezes, atrito entre ele e seus pais.

Breno, entre os sete e oito anos, finalmente se identificou com um amigo que era seu vizinho de prédio. Foi uma amizade forte que dura até os dias atuais.

Essa amizade veio dar um colorido novo à vida de Breno, principalmente sob a ótica de sua mãe, que começou a se sentir mais tranquila. Estavam sempre juntos, iam ao clube, brincavam e faziam muita "arte" no prédio onde moravam. Sempre revezavam dormindo um na casa do outro. Só não estudavam na mesma escola, mas isso não interferia em nada. Esse amigo de Breno, a um olhar superficial, apresentava características de inteligência corporal-cinestésica, interpessoal e espacial.

Breno continuava com o mesmo comportamento. Sempre muito observador, detendo-se aos detalhes e se esmerando em tudo o que fazia. Essas características encantavam seu amigo que era o próprio "moleque" na real expressão da palavra. Eles se completavam, pois Breno era sempre o autor intelectual das ideias e seu amigo as colocava em prática, porém, os dois, sempre juntos, assumiam a autoria das "artes" e sofriam as consequências dos seus atos, ou seja, ficavam de castigo juntos (porém separados).

Quando Breno tinha 12 e seu amigo 13 anos, começaram a frequentar as domingueiras do clube. Saíam de casa às 16 horas – sempre cheirosos e arrumados – e voltavam depois das 19 horas, horário que acabava a domingueira. Breno mantinha o comportamento de ficar encostado numa parede ou pilastra somente observando, sem dançar e sem se agrupar com outros conhecidos, porém seu amigo dançava do momento que chegava até a hora de ir embora. Quando voltavam para casa, os dois vinham conversando animadamente ao som de muitas risadas. Breno contava tudo sobre o que tinha observado, e posso dizer que havia tido uma visão completa de tudo que tinha acontecido no salão, e seu amigo contava seus aprontos e suas experiências com as meninas.

Nos estudos, Breno ia sempre muito bem, embora nunca estudasse. Prestar atenção na aula era o suficiente. Em compensação, seu amigo passava de série ano sim, ano não.

Quando tinha dezesseis anos, Breno se apaixonou. Era sua primeira namorada, enquanto seu amigo aparecia, a cada semana, com uma namorada nova. Breno teve uma atitude que surpreendeu a todos: foi pedir a menina em namoro para o pai dela. O espanto foi geral, tanto da família de Breno quanto da família da menina.

Breno continuou com o temperamento centrado, sempre muito responsável, com opinião formada, sabendo bem aonde queria chegar. Continua sendo de poucas palavras, mas quando fala, tem conteúdo. Tem facilidade em raciocínio lógico e cálculo e optou por engenharia elétrica com ênfase em telecomunicações, trabalhando hoje em uma empresa de telefonia.

Diante dessas observações, afirmo que Breno tem a inteligência **intrapessoal** como a mais potencializada, porém, se tivesse sido estimulado nas demais inteligências, hoje poderia ter outro tipo de comportamento. Poderia ser uma pessoa mais comunicativa ao ter a inteligência **interpessoal** estimulada, utilizando a **linguística ou verbal** para fundamentar de forma decisiva suas ideias, teorias e convicções. Usaria a **musical** concomitantemente com a **espacial** e a **lógico-matemática** no desenvolvimento e no aprimoramento da telefonia, que abrange esses tópicos de forma integrada. Teria um pensamento atento e voltado para a **naturalística**, uma vez que vivemos em uma época decisiva quanto à conscientização ecológica, e seu ramo de trabalho utiliza peças que normalmente contêm metais pesados e substâncias tóxicas que contaminam o solo, as águas e o ar. Também a **iteligência corporal-cinestésica** lhe propiciaria uma manipulação totalmente eficaz nos testes desenvolvidos em sua profissão, uma vez que a superação e o lançamento de novos modelos acontecem numa velocidade ímpar.

Caso 3 – Carla

Carla era a primeira filha do casal, primeira neta e primeira bisneta das duas famílias. Foi uma criança muito aguardada e sempre viveu rodeada de muito amor e atenção. Logo se deu conta de que fazendo uso da primeira linguagem que experimentou, o choro, conseguia atingir seus objetivos imediatamente. Assim, antes mesmo de acordar completamente, já iniciava um choramingo que, se não fosse atendido prontamente, virava um choro potencialmente desesperador. Dormia "aos poucos", ou seja, muitas vezes durante o dia, porém por pouco tempo, não chegando a completar trinta minutos de sono ininterruptos. Parecia que se mantinha em constante estado de alerta, pois ao menor ruído acordava. Durante a noite acontecia o mesmo, dormindo uma média de uma hora entre um choro e outro. Com esse comportamento, causou uma exaustão em toda a família, que não conseguia dormir, nem de dia nem de noite.

Era uma criança que, ao estar na companhia de qualquer pessoa, mantinha-se sorridente e simpática. Estava sempre articulando sons como se quisesse conversar e, por vezes, dava a impressão de que estava cantando. Foi descobrindo que podia produzir muitos desses sons e acabou se encantando com seus próprios gritos, passando a gritar toda vez que alguém ao seu redor estivesse conversando, seja no telefone ou pessoalmente. Teve vezes que gritou tanto que ficou vermelha e com acessos de tosse.

Quando começou a falar as primeiras palavras, sempre teve facilidade em reproduzi-las corretamente. Foram poucos os casos em que falou alguma palavra errada. Além disso, há as situações que a pronúncia não foi de uma forma errada, e sim a reprodução exata da maneira como ela ouviu. Por exemplo, quando sua mãe pediu: "Carla, pegue a bola, lá", então Carla passou a chamar a bola de "bolalá". Outro exemplo foi a palavra *econômico* que ela pronunciou "enecônico".

Ela sempre recebeu o título de *tagarela*. Ao entrar para a educação infantil, não teve problemas de adaptação. Logo fez muitos amigos e se referia a todos chamando pelo nome e sobrenome. Sabia cantar todas as músicas, reproduzindo todos os gestos. Sempre foi "exibida", adorando ter plateia para se apresentar e receber os aplausos.

Tanto trazia para casa as novidades da escola quanto levava para a escola as novidades de casa. Certa vez, a avó de Carla passou alguns dias em sua casa por estar adoentada. Assim que a mãe chegou à escola para buscá-la, muitas pessoas vieram perguntar sobre a melhora da sua avó, pois a menina havia comentado com muitas pessoas.

Conforme Carla crescia, foi se aprimorando no ato de falar e no de mandar, demonstrando forte tendência para a liderança. Tanto chorava quanto ria com a maior facilidade diante das mais diversas situações. Era normal estar envolvida em "bate-bocas" com as amigas, porém, tão logo fosse esclarecido o episódio, voltava a se relacionar com as envolvidas como se nada tivesse acontecido.

Também foi solidificando o hábito de ler e de escrever. Durante a aula, sempre tinha um comentário para fazer ou uma experiência para contar. Também conversava bastante em sala, muitas vezes, junto com a professora, então ela tinha a atenção chamada constantemente. Nesses casos, ela diminuía a conversa, mas continuava por meio de bilhetinhos. Era excelente aluna, sempre tirou notas altas, porém muito exigente consigo mesma. Não aceitava tirar uma nota oito e, caso isso acontecesse, poderia levá-la ao caos emocional chorando "rios" de lágrimas.

Começou a namorar aos doze anos e não parou mais. Com a mesma rapidez com que se apaixonava, desapaixonava-se, deixando os namorados imensamente tristes, pois eles ainda se sentiam apaixonados. O mais interessante é que ela conseguia manter a amizade com todos eles, alguns permanecem até os dias de hoje. Essa é mais uma habilidade de quem tem a inteligência **linguística ou verbal** aflorada.

Sempre foi de programar mais de um passeio ou atividade ao mesmo tempo. Oralmente, tudo era possível para Carla. É como se o tempo se mantivesse estático diante das suas previsões: "primeiro vamos ao *shopping*, vemos vitrines, tomamos sorvete, depois assistimos a um filme e na saída vamos à danceteria". Ocorre que ela comunicava sua programação por telefone, para todas as amigas, conversava longos papos com todas elas e, logicamente, estava sempre completamente atrasada. Então ficava nervosa, chorava, esbravejava e saía, na maioria das vezes, acabando de se arrumar no carro ao som de muita lamúria.

Continuava com o hábito de dormir pouco, cinco horas eram mais do que suficientes. Estava sempre repleta de novidades para contar. Contava tudo enriquecendo com muitos detalhes, analisava, dava sua opinião e o assunto corria solto.

Por falar muito, acabava ficando sempre atrasada, por esta razão, ia largando seus pertences pelo caminho, nunca se lembrando de onde os havia deixado. Em razão disso, perdia muito tempo procurando suas coisas e nem sempre as achava no momento em que precisava. Essas atitudes formavam um círculo vicioso: estava atrasada e não guardava o objeto no lugar, depois se atrasava porque tinha que procurar o objeto que não se lembrava onde tinha deixado. Como não conseguia fazer nada sem falar o tempo todo, acabava culpando sempre os mais próximos de terem mexido nas suas coisas e as tirado do lugar em que ela dizia ter colocado.

No ensino fundamental e, mais tarde, no ensino médio, Carla continuou a se destacar, principalmente em matérias que exigiam boa escrita e desenvoltura na explanação. Nas formaturas dos dois níveis foi escolhida como oradora da turma, não somente por ter facilidade de se comunicar, mas também por ser sempre muito querida entre os colegas. Era sempre muito prestativa e solícita. Não podia saber que alguém precisava de ajuda que lá ia ela dar suporte ao necessitado.

Sempre foi apaixonada por telefone: ficava horas conversando com suas amigas, mesmo tendo que contribuir com parte de sua mesada para o pagamento da exorbitante conta telefônica.

Carla prestou vestibular para Jornalismo e hoje é repórter de uma importante emissora de televisão. É claro que com todas estas características ela tem a inteligência **linguístico ou verbal** à flor da pele. Com esses relatos, fica claro o quanto essa inteligência dispensa esforço, uma vez que ela por si só se autoestimula.

Imagine então se Carla tivesse recebido estímulo **corporal-cinestésico** e **espacial**, como se tornaria muito mais organizada em relação aos seus objetos pessoais, bem como com seus horários.

Se tivesse sido estimulada na inteligência **intrapessoal**, teria mais equilíbrio quanto a estar "bem" consigo mesma, não necessitando preencher seu tempo com o contato excessivo com as outras pessoas. Assim, existiria um equilíbrio entre a inteligência **intrapessoal** e a **interpessoal**, uma vez que esta última acaba sendo também exercitada em razão da sintonia que existe entre essa inteligência e a **linguística ou verbal**.

Em relação à inteligência **musical**, seu estímulo ajudaria a ter um ritmo menos exaustivo para falar, beneficiando tanto a si mesma, que despende toda essa energia, quanto aos que a cercam.

A inteligência **lógico-matemática** a beneficiaria no raciocínio lógico, tão importante para conciliar todas as atividades, sem comprometimento de nenhuma delas. A partir do momento que ela conseguisse se situar e se harmonizar dentro do seu próprio espaço, com certeza seu desempenho seria muito mais produtivo.

Ao ser motivada na inteligência **naturalista**, ela teria uma maior sensibilidade a tudo que a cerca, tendo um olhar diferenciado e servindo de leme para identificar, dentre o todo, a melhor partícula. Ter essa visão seria fundamental na profissão que ela escolheu. Se ela conseguisse enxergar além do que podia ser visto por seus companheiros de profissão, com certeza o destaque seria todo dela.

Caso 4 – Denise

Denise nasceu pesando quatro quilos e cem gramas, de parto normal, numa terça-feira de carnaval. Um bebê delicioso de ser cuidado. Por ser grande e por ter nascido no verão, podia usar pouca roupa e assim tinha mais liberdade para se movimentar.

Era um bebê calmo e nada chorão. Foram várias as vezes em que sua mãe teve que acordá-la para mamar. Quando acordava sozinha, não chorava. Ficava brincando com suas mãozinhas ou se distraía com os brinquedos que enfeitavam o seu berço.

Denise tinha dois irmãos mais velhos e estes tinham muitos bichos em casa, como coelho, codorna e um casal de cachorros da raça pastor-alemão. Desde bebê, demonstrou uma atração imensa pelos animais. Pela manhã, sua mãe a colocava no carrinho e a deixava no quintal para tomar sol, junto com seus irmãos que ali brincavam. Os cachorros estavam sempre por perto. Denise, quando os via, ficava alucinada, soltava gritinhos, agitava as perninhas, os bracinhos numa euforia incontrolável. A fêmea, chamada Ágata, talvez por seu instinto maternal, adotou Denise e não se afastava de perto do carrinho, o que era um presente para ela. A primeira palavra pronunciada pela menina não foi *mamãe* e nem *papai*, foi o nome da cachorra, *Ágata*, que era pronunciada como "Ata".

Denise foi crescendo e conservando a calma e o bom temperamento. O fato de ter dois irmãos mais velhos ajudou bastante para que ela se distraísse e interagisse bastante.

Aos dois anos, começou a frequentar a escola de educação infantil. Nunca chorou e não precisou passar pelo período de adaptação porque já estava adaptada, pois todos os dias ao levar seus irmãos para o colégio voltava para a casa chorando por querer ficar com eles.

Relacionava-se com todos os amiguinhos e era muito querida por todos. Tudo que lhe era proposto fazia com muita disposição. Não se intimidava com nenhum tipo de atividade. Adorava estar rodeada dos seus amigos e dos amigos dos seus irmãos. Eles nem sempre gostavam, porque, muitas vezes, ela roubava a cena, por ser pequena, ativa e muito simpática.

O seu carinho e fascínio pelos animais continuavam cada vez mais aflorados, por essa razão, sempre ganhava bichos de presente.

Seus pais tinham uma fazenda, o que lhe possibilitava ter contato constante com vários tipos de animais, como porco, pato, carneiro, vaca, cavalo e outros. Certa vez, ganhou um jegue de presente para poder andar sem preocupação, uma vez que ele era pequeno e manso. Adorava ficar no curral perto das vacas. Havia uma vaca muito mansa que adorava laranjas e Denise não se cansava de dar laranjas a ela. Por essa razão, era comum ver Denise caminhando no meio do pasto e a vaca a seguindo, caminhando logo atrás dela.

Com sete anos começou a trazer para casa todos os animais que encontrava pela rua, principalmente os doentes. Sua mãe não gostava muito da ideia, mas acabava por concordar devido a decepção que causava quando, porventura, recusava-se a aceitar.

Seu empenho em cuidar dos animais era imenso. Comprava remédios com sua mesada, promovia reuniões de final de semana com o objetivo de arrecadar renda para comprar remédios e ração para os animais. Caso fosse preciso, acordava de madrugada para dar os medicamentos àqueles que estivessem doentes.

Com isso, o número de animais em sua casa começou a crescer consideravelmente. Denise foi intimada por seus pais a iniciar o processo de doação, mas não doava os animais sem ter a certeza de que cuidariam bem deles. Ela investigava se a pessoa gostava de animas e acompanhava, no início, fazendo visitas regularmente. Houve situações em que ela trouxe de volta para casa o animal por constatar que ele não estava recebendo os cuidados necessários.

Conforme foi crescendo, suas preocupações e cuidados se estendiam às flores, à economia de água, à reciclagem do lixo, ao desperdício dos alimentos, à ecologia, passando a não mais consumir carne de animais.

Certo dia, encontrou um cachorro, já adulto, com características de um Rottweiler, que era cego. Chegou em casa com ele e foi buscar uma vasilha pra lhe dar água e comida. Ocorre que, tendo piscina em casa, quando retornou, o cachorro havia caído dentro dela e se debatia desesperadamente. Denise correu em seu socorro e o retirou da água. Nesse momento, percebeu que não poderia ficar com ele ali. O que fez então? Pegou a casinha de madeira do seu cachorro e a colocou na calçada, em frente a sua casa.

Para que *ceguinho*, como começou a ser chamado, entendesse que a casinha era para ele, ela ficou entrando na casinha e chamando-o lá de dentro a tarde toda. Ao final do dia, depois de um enorme esforço, ele entendeu que aquele seria o seu lar. Entrou na casinha e se deitou, rendendo-se ao cansaço pelo estresse que vinha sofrendo. Ele passou a ser seu melhor cão de guarda.

Quando cursava o terceiro ano do ensino médio, conseguiu um estágio numa clínica veterinária a fim de constatar se seria esta a sua vocação. Seu desempenho foi o melhor possível, chegando a auxiliar inclusive em cirurgias, dando-lhe a certeza de que seguiria a carreira de veterinária.

Iniciou a graduação. Quando passou do terceiro para o quarto ano, sua faculdade a presenteou com a indicação pra o estágio no Rancho dos Gnomos. Isso se deu em razão do trabalho diferenciado que desempenhou na proteção dos animais utilizados para estudo tanto dos estudantes de Veterinária quanto dos estudantes de Medicina, que frequentavam o mesmo campus.

Ela levantou a bandeira de respeito e cuidado que esses animais devem receber por parte dos alunos e dos professores. Por suas ideias e atitudes, chegou a ser, no início, discriminada e marginalizada por alguns colegas e professores, mas não se intimidou e prosseguiu em suas convicções. Aos poucos começou a receber o apoio de outros estudantes e foi se fortalecendo, culminando com a modificação de regras e comportamentos, nos quais o respeito pelo animal, que tanto auxilia nos estudos de todos, passou a existir.

Denise foi estagiária concursada no Centro de Zoonose da cidade onde cursou a faculdade. Lá também deixou sua marca ao se propor a cuidar de todos os animais que ali eram deixados em fase terminal. Antes, esses animais condenados eram sacrificados. Depois, em razão da sua predisposição em cuidar deles, alguns morriam recebendo todo o tratamento possível, porém, muitos acabaram se recuperando. Oportunidade que antes não lhes era dada em razão de que, ao ser constatado o estado avançado da doença, eram sacrificados.

Denise nasceu com a inteligência **naturalista** aflorada em sua totalidade, porém, ela também sabe usar a inteligência **intrapessoal** para analisar e agir com segurança em suas convicções. Também utiliza a inteligência **interpessoal** para expor e colocar em prática suas ideias e projetos. A inteligência **linguística ou verbal** também é exercitada quando argumenta e embasa suas ideias com o intuito de alcançar seus objetivos. Ela faz uso também da inteligência **espacial** e **corporal-cinestésica** ao atuar com precisão nas cirurgias e na disposição espacial dos animais para uma melhor recuperação.

Denise faz parte de uma minoria que praticamente autoestimula o desenvolvimento de quase a totalidade das inteligências múltiplas. Ela sempre soube usar muito bem essas habilidades, por essa razão, obteve destaque em sua profissão mesmo antes de se formar.

Caso 5 – Eliana

Eliana é uma menina cujo desenvolvimento comecei a acompanhar quando ela tinha aproximadamente três anos.

Demonstrava claramente o quanto detestava pentear os cabelos e colocar roupas. Ficava incrivelmente feliz andando só de calcinha e com os cabelos encaracolados completamente despenteados. Era assim que ela ficava em casa, mesmo nos dias muito frios.

Seu pai tocava teclado por *hobby*, porém tinha um ciúme imenso do teclado, não deixando que Eliana se aproximasse dele. Algumas vezes, Eliana chegou a arrastar a poltrona que ficava na sala ao lado, trazendo-a para junto do instrumento, subia nela e arrancava a capa que o protegia, passando então a apertar todos os botões, tentando ligá-lo. Quando conseguia, batia as mãozinhas freneticamente, arrancando sons desordenados. Seu pai, ao constatar o que havia ocorrido, brigava com ela, mas isso de nada adiantava, pois, na primeira oportunidade, ela fazia tudo novamente.

Certo dia, a família de Eliana tinha um batizado para ir. Sua mãe a arrumou em primeiro lugar, deixando-a sentada assistindo televisão enquanto foi se arrumar. Seu pai, já pronto para sair, ao entrar na sala, constatou que Eliana havia tirado toda a roupa e soltado os cabelos que sua mãe tinha prendido com tanto gosto. Ficou bravo com ela e chamou sua esposa para arrumá-la novamente. Como teria que esperá-las, sentou-se ao teclado e começou a tocar. Eliana parou de fazer o que estava fazendo e sentou-se no chão ao lado do pai, ouvindo a melodia. Sua mãe chegou muito brava para vesti-la novamente, mas Eliana não deu muita importância ao que sua mãe dizia e ficou quieta, permitindo que ela a vestisse e a penteasse sem contestar. Os olhinhos de Eliana estavam fixos no deslize das mãos de seu pai sobre o teclado. A mãe ficou surpresa com essa reação, porém, tão logo acabou de arrumá-la, seguiram para a igreja.

Ao chegarem lá, o batizado já havia começado e Eliana recusava-se a ficar quieta sentada no banco da igreja, porém, assim que começaram a tocar o órgão, acalmou-se. Sua mãe, então, começou a associar as reações. No caminho de volta para casa, comentou com seu marido sobre o que observara. Ao chegarem em casa, resolveram fazer o teste. Eliana já estava sem roupa correndo de um lado para o outro, então, seu pai ligou o teclado e começou a tocar. Imediatamente Eliana se aproximou e ficou de pé ao seu lado, observando-o. Ele então perguntou se ela queria sentar ao seu lado para ouvir, e ela toda feliz respondeu que sim. Todo o tempo que ele tocou, ela ficou sentada ao seu lado, quieta, coisa muito difícil de acontecer.

No dia seguinte, quando sua mãe trabalhava com os afazeres domésticos, escutou o dedilhar correto das primeiras notas da música "*Somewhere Over the Rainbow*", tema do filme *O mágico de Oz*, tocada na noite anterior por seu marido. Ela correu e viu Eliana em cima da poltrona, arrastada por ela mesma, tentando reproduzir a melodia, tocando com seu dedinho indicador nas teclas corretas. Ficou tão emocionada que a encheu de beijos, depois acomodou Eliana na banqueta para que pudesse ficar ali desbravando o teclado.

Foi uma manhã tranquila, pois Eliana tocou incansavelmente, só abandonando o teclado, mesmo assim contra sua vontade, quando sua mãe a obrigou a se vestir, pois iriam sair.

À noite, quando o pai de Eliana chegou, sua esposa contou o que havia acontecido e ele, muito curioso, chamou Eliana para tocar. A princípio, ela ficou sentada ao seu lado, somente observando-o tocar o tema do filme *O mágico de Oz*. No momento em que ele cessou, ela, com seu dedinho indicador, tocou as cinco primeiras notas e parou. Ele, em seguida, tocou novamente a primeira parte da música, só que agora sem os acordes de acompanhamento. Ao terminar, Eliana tocou novamente, só que agora as oito primeiras notas. Seu pai estava abismado com a facilidade que Eliana tinha em "tocar de ouvido", como se diz popularmente.

No dia seguinte, ao voltar do trabalho, o pai de Eliana lhe trouxe um presente: um teclado pequeno contendo duas oitavas. "Este teclado é só seu", disse ele ao lhe entregar, "Você pode tocar o tempo que quiser". Esse, então, passou a ser o seu brinquedo preferido. Ela se tornou até um pouco mais calma, embora conservasse o hábito de andar sem roupas e sem pentear os cabelos.

Eliana, aos cinco anos, já tocava junto com seu pai, sendo que a ele cabia somente o acompanhamento. Ela conseguia executar uma música inteira obedecendo os tempos certos, embora tocasse com apenas três dedos: o polegar, o indicador e o médio.

Foi o tempo, então, de entrar para a escola, sendo muito difícil a sua adaptação. Não porque chorasse por sentir falta de casa, mas porque não conseguia se adaptar à rotina da escola. Colocar o uniforme, nem pensar, sua mãe já havia desistido de tentar. Negava-se a ficar sentada para fazer as atividades, embora tivesse um raciocínio cognitivo privilegiado. Não apresentava qualquer dificuldade, porém não gostava de fazer a tarefa.

Tinha um gosto completamente exótico. Ia para a escola com os sapatos da mãe, com os cabelos sem pentear, porém repleto de presilhas. Os olhos fortemente pintados com sombras coloridas, o batom normalmente de cor vermelha e sempre com brincos extravagantes, além dos dedos cheios de anéis, que mal podiam ser articulados para segurar o lápis. Havia ocasiões em que colocava tanto perfume que os próprios colegas de classe não conseguiam lá permanecer e, em razão do odor forte.

Se a direção da escola tentasse fazê-la desistir de ir vestida dessa maneira, ela ficava brava e se recusava a fazer a lição, a comer o lanche e até mesmo a brincar.

Embora com todos esses percalços, Eliana aprendia tudo com muita facilidade, principalmente as matérias que envolviam raciocínio lógico. Muitas vezes, a professora nem tinha terminado de explicar o processo e ela já dava o resultado. Isso iniciou-se logo na educação infantil e estendeu-se por todo o ensino fundamental.

Quando Eliana se alfabetizou, seus pais a colocaram no conservatório para que iniciasse seu aprendizado de piano, mas ela não se submeteu à rotina do local. Ela queria resultados mais rápidos, assim sendo, seus pais contrataram uma professora particular, que passou a lhe dar aulas de teclado e foi assim que ela iniciou a aprendizagem dos acordes.

Com 16 anos, no segundo ano do ensino médio, dava um *show* no teclado e também na guitarra, que aprendeu a tocar sozinha. Montou uma banda com alguns amigos, na qual intercala tocar teclado e guitarra e também é vocalista. Se esmera na maneira chocante de se vestir, e choca também com o contraste das músicas que canta. Todo mundo na sua família imaginou que ela seria roqueira, pois, acredite, ela toca e canta MPB.

Continua não sendo muito caprichosa com seu material, mas sua letra é bonita, redonda e clara. Seu ritmo para andar, falar, cantar, tocar é impecável. É muito observadora e seu raciocínio é muito rápido. Também é bastante criativa tanto no desenho quanto nas composições de músicas e poesias.

Com seu jeito diferente de ser, acaba despertando sentimentos contrastantes nas outras pessoas, ou seja, há aquela amiga que a ama e há também quem a odeie. Porém, ela não está muito preocupada nem com uma nem com a outra. Ela está sempre na dela.

Com base em tudo que foi observado, podemos chegar à conclusão de que Eliana tem a inteligência musical aflorada e que essa característica lhe proporciona a facilidade de aprender e de executar instrumentos musicais somente se apoiando na sua sensibilidade auditiva. Também tem desenvolvida a inteligência intrapessoal, que lhe fornece subsídios para se rebelar contra as normas básicas de boa conduta, de cumprimento de regras e de bem vestir. Sua inteligência interpessoal não é nem um pouco desenvolvida. Tudo o que faz é para si própria. Não está preocupada com o relacionamento com as outras pessoas nem em contribuir para uma convivência melhor. Se essa inteligência fosse estimulada, com certeza seu convívio social seria menos desgastante e suas chances de fazer sucesso seriam muito maiores, uma vez que o sucesso musical é fruto da união entre executar bem e se relacionar bem.

Demonstrou, logo no início, bom desempenho na inteligência **lógico-matemática** e **espacial** que, ao serem motivadas, poderiam lhe dar um bom suporte para criar e compor. A inteligência **naturalista**, caso fosse estimulada, abriria-lhe mais um canal de sensibilidade, tão imprescindível no campo musical. A inteligência **corporal-cinestésica** motivada auxiliaria na sua postura e no desempenho ao executar as melodias.

Caso 6 – Fernando

Conheci Fernando quando ele tinha seis anos e morava numa cidadezinha do interior de São Paulo, quase divisa com Minas Gerais. Ele ainda não havia frequentado nenhuma escola, pois sendo filho de família humilde, ajudava seu pai, que era sapateiro. Era o terceiro filho de uma família de seis irmãos. Sua mãe, dona de casa, passava o dia às voltas com seus irmãos menores: uma de quatro anos, outra de dois anos e o caçula, de nove meses. Seus irmãos mais velhos já faziam "bicos" para ganhar alguns trocados. Seu irmão de dez anos era engraxate e o outro, de oito, trabalhava no açougue juntando pedaços de sebo que caíam no chão enquanto o açougueiro limpava as carnes.

Na sapataria, Fernando era responsável por mantê-la sempre limpa, coisa difícil de conseguir, pois era só ele pegar um pedaço de couro caído no chão para que seu pai, com tom austero, lhe pedisse para trazer de volta, pois iria precisar dele. Ao mesmo tempo, ficava muito bravo quando encontrava pedaços de solas espalhadas pelo chão.

Embora seu serviço não tivesse nada a ver com o setor contábil da sapataria, Fernando estava sempre atento aos cálculos que seu pai fazia "de cabeça" para obter o valor total dos serviços executados. Isso lhe provocava uma grande curiosidade: Como seu pai conseguia obter aquelas quantias? Fernando tinha a visão de que seu pai só poderia ser um super-herói.

Por se tratar de uma cidade interiorana e por ser a pecuária a principal fonte de renda, o ofício do pai de Fernando ainda se mantinha promissor com os constantes reparos nas botas dos peões e pelas encomendas de uma ou outra confecção de botas para algum vaqueiro de "pé redondo". Embora passassem dificuldades, o pai se orgulhava de ser proprietário do seu próprio negócio e o menino se orgulhava por seu pai "adivinhar", sem contar nos dedos e nem escrever no papel, o valor dos serviços por ele prestados. Embora o garoto sempre perguntasse como ele conseguia fazer aquilo, seu pai, talvez por vaidade, nunca lhe respondia nada.

Fernando então começou a observar todo o andamento da relação, desde o momento em que o freguês trazia seus calçados para reparar e seu pai lhe dava o valor unitário de cada serviço. Assim que o freguês ia embora, sua cabecinha começava a funcionar tentando chegar a um resultado. Quando o serviço estava pronto e o freguês vinha buscá-lo, era chegado o momento de constatar se estava certo o resultado por ele obtido, também mentalmente. Não chegava nem próximo, o que lhe intrigava ainda mais.

Um belo dia, Fernando disse a seu pai que gostaria muito de ir à escola para aprender a ler, a escrever e a descobrir resultados. Seu pai se surpreendeu e foi contra, uma vez que os dois filhos mais velhos não frequentavam a escola e também nunca haviam se interessado por ir. O pai imaginava que seu filho iria seguir seus passos na sapataria e que não precisaria estudar, assim como ele nunca havia estudado. A insistência do menino acabou por irritar seu pai, que o proibiu de ir por alguns dias à sapataria.

Fernando chorou muito, inconformado por não ir trabalhar nos próximos dias e por não poder ir à escola. Sua mãe, vendo-o triste, disse-lhe que ela iria matriculá-lo na escola mais próxima de casa. E foi o que fez, mesmo contra a vontade de seu marido.

O raciocínio de Fernando era rápido e em um instante ele aprendeu a sequência numérica, identificando a grafia do número à sua quantidade. Desde o início, sabia que esse era o caminho para chegar aos resultados mentais que seu pai fazia tão bem. A experiência obtida no trabalho da sapataria influiu bastante para que se destacasse na estimativa. Quando recolhia os restos de sola em caixas, sabia num simples olhar quando a quantidade de uma caixa e a de outra era a mesma ou não. Também trabalhou a seriação e a classificação ao separar por tamanhos, cores ou tipos os retalhos de couro.

Essas experiências se somaram à sua facilidade em abstrair, em raciocinar logicamente, em construir conceitos, em se situar no tempo e no espaço.

Fernando, à medida que progredia, percebeu que os estudos lhe abriam novas perspectivas em relação ao trabalho que desempenhava na sapataria de seu pai. Assim que descobriu a "fórmula mágica" que seu pai usava ao resolver mentalmente as adições, se sentiu no mesmo patamar que ele, e assim passou a falar com seu pai num mesmo grau de conhecimento.

O tempo foi passando e a novas ideias foram surgindo a respeito do futuro da sapataria. A princípio, seu pai relutou até em ouvir suas ideias, pois se sentia inferiorizado com a falta de estudo, porém o filho foi mostrando a ele que havia aprendido muito com a prática e que, nesse momento, poderiam unir forças.

Fernando iniciou, então, uma reviravolta na sapataria do seu pai. Ao calcular as vantagens e as desvantagens dos investimentos, decidiu comprar o primeiro maquinário para iniciar, junto com a sapataria, sua fábrica de calçados. Nesse momento, já cursava Administração de Empresas e seguia na ampliação dos maquinários e consequente ampliação do quadro de funcionários de sua fábrica de calçados.

Seus irmãos menores já estudavam, graças a ele, que abriu o caminho. Passaram também a morar numa casa mais confortável e a fábrica seguia em franco progresso.

Essa visão holística de Fernando se deu graças à sua inteligência **lógico-matemática** inata, haja vista que seus irmãos, em momento algum, tiveram esse tipo de atitude. Desde menino ele se sentiu atraído pelos tentáculos hipnóticos da matemática, ao observar e analisar o comportamento de seu pai ao realizar somas mentalmente. Essa curiosidade serviu de alavanca para que ele se interessasse pelos estudos. Nesse caso, toda a motivação veio dos diversos contatos que teve trabalhando na sapataria.

Possuía aflorada, também, a inteligência **intrapessoal**, pois tinha consciência do que queria e até aonde gostaria de chegar. Caso tivesse sido estimulado na inteligência **interpessoal**, poderia ter conseguido atingir seus objetivos com maior rapidez, afinal, essa inteligência não estava de todo atrofiada. Consequentemente, também lhe seria trabalhada a inteligência **linguística-verbal**, tão necessária nesse tipo de empreendimento. A **naturalista** poderia lhe dar subsídios importantes no desenvolvimento de técnicas eficazes, desde o trato do gado até a extração do couro. A inteligência **musical** lhe auxiliaria em manter um ritmo harmonioso no desenvolvimento das técnicas utilizadas para a fabricação dos calçados, pois essa arte envolve o trabalho manual, principalmente na montagem e no acabamento. A inteligência **musical** também lhe auxiliaria na criação dos modelos e na escolha harmoniosa das cores.

Caso 7 – Gisele

Gisele era uma menina de sete anos, muito esperta e tagarela, pertencente a uma família tradicional de Belo Horizonte. Seu pai era um desembargador muito respeitável e sua casa sempre foi frequentada por pessoas ilustres da área do Direito, bem como por escritores e artistas da região. Foi criada sob o regime de uma educação muito severa. Estudou na Escola Americana de Belo Horizonte, fazia balé clássico e já havia iniciado seus estudos de piano.

Muito desinibida, adorava estar em evidência e sabia aproveitar as inúmeras oportunidades que lhe apareciam em razão de ser a sua casa o ponto de encontro de muitas personalidades. Sempre se sentiu muito a vontade para dançar e cantar para essa plateia que não lhe negava audiência. Só desistia das apresentações quando seu pai a obrigava a se retirar.

Certa vez, quando lhe perguntaram se iria ser bailarina no Municipal, respondeu com muita segurança que seria cantora de cabaré. Seu pai ficou chocado e a colocou de castigo no quarto, não permitindo mais que permanecesse entre eles.

Suas brincadeiras eram sempre um faz de conta de suas apresentações como cantora numa casa de *shows* ou no cabaré, como ela adorava falar, principalmente porque, ao repetir isso, sempre era repreendida. Quanto mais o tempo passava, mais essa vontade se solidificava. Gisele chegou até a apanhar algumas vezes do seu pai por ter essas ideias. O que nunca a intimidou.

Gisele crescia, sempre rodeada de amigas e amigos. Na escola, ela era muito popular e, por ter fortes características de liderança, encabeçava todos os movimentos em prol de ideologias e reivindicações estudantis. Porém, por deter o dom da palavra, dificilmente entrava em choque com os superiores, conseguindo o sucesso de suas manifestações com o uso correto da linguagem.

Seu pai não via com bons olhos essas características da filha, mas não conseguia detê-la, apesar dos inúmeros castigos que lhe aplicava.

Com 16 anos, fundou, com o grêmio estudantil, a "noite de espetáculos", na qual, uma vez por mês, eram apresentadas peças teatrais e *shows* musicais organizados pelos estudantes. Qual não foi a surpresa de seu pai ao vê-la entrar no palco vestida com plumas e paetês cantando e dançando como uma cantora de cabaré. Ele, em protesto, levantou-se e foi embora.

Daquele dia em diante Gisele passou a ser monitorada ininterruptamente por pessoas da confiança de seu pai. Obrigada por ele, ingressou na faculdade de Direito. Embora ele desaprovasse, ela passou a cursar o período noturno e, graças a sua facilidade em se comunicar com as pessoas, conseguiu um bom emprego. Esse salto propiciou a sua saída de casa e a liberdade de morar sozinha, levando consigo as lembranças das brigas e do corte do relacionamento com seu pai.

Gisele passou a cantar, nos finais de semana, em barzinhos noturnos de Belo Horizonte e seu sucesso foi progressivo. Sabendo utilizar muito bem sua inteligência **interpessoal**, entre as apresentações musicais fazia o "social" com as pessoas que ali frequentavam; era o seu maior diferencial. Passou a compor músicas que falavam carinhosamente dos assíduos frequentadores, estreitando ainda mais sua relação com o público.

Embora tenha frequentado as melhores escolas e recebido estímulos de algumas das oito inteligências, a repressão do seu pai foi um ponto negativo para que ela pudesse desfrutar do amplo desenvolvimento das suas inteligências múltiplas.

Sua inteligência **interpessoal** é inata, porém, não foi amplamente estimulada na inteligência **linguístico-verbal**, em razão das constantes repreensões de seu pai. Posso afirmar que sua inteligência **musical** é aflorada e que foi estimulada com as aulas de piano, mas podada em sua vocação "cantora de cabaré". No caso, este é apenas um rótulo, poderia ser cantora de qualquer outro estilo, exatamente como acabou sendo.

Caso Gisele não tivesse encontrado tantas barreiras dentro da sua própria casa, o desenvolvimento das inteligências múltiplas teria sido tranquilo e promissor devido ao seu potencial criativo. Ela poderia ter associado à sua inteligência **interpessoal** nata, a **musical** e a **intrapessoal** sem grandes traumas.

Teve também o estímulo da inteligência **corporal-cinestésica** ao frequentar as aulas de balé, fazendo uso dela ao se posicionar no palco e nas apresentações noturnas.

No estudo desse caso, observo a grande importância da parceria casa/escola. É de fundamental importância que haja essa cumplicidade, na qual o maior beneficiado é o aluno. O respaldo dos pais solidifica o trabalho do professor.

Essa parceria tem tudo para dar certo, pois os dois lados têm como objetivo maior o desenvolvimento integral do indivíduo e seu sucesso no mercado de trabalho e na vida. Assim sendo, a cumplicidade e a marcha com o mesmo passo só tem a acrescentar, e o maior beneficiado é, sem sombra de dúvidas, o aluno.

Caso 8 – Henrique

Henrique sempre se mostrou um menino muito tímido, que preferia observar mais que falar. Estava com oito anos e seus maiores divertimentos eram ver televisão e fazer a lição. Não gostava de brincar com outras crianças no *playground* do prédio onde morava e muito menos de aproveitar a piscina.

Quando ia ao clube com seus pais, ficava sentado junto deles o tempo todo. Eles chegavam a se zangar com Henrique, pois se sentiam, muitas vezes, intimidados por não poder conversar determinados assuntos, o que de nada adiantava, pois Henrique continuava ao lado.

Na escola, o menino não se comportava de maneira diferente. Normalmente tomava lanche sozinho e ficava sentado observando seus colegas de classe jogando futebol ou brincando de pega-pega. Era um aluno de notas medianas e a professora nunca havia lhe chamado a atenção. Dificilmente era chamado para ir à lousa e raríssimas vezes chegou a participar oralmente em classe. Se, porventura, tivesse alguma dúvida quanto à explicação da matéria, não perguntava nem para a professora nem para os colegas, levava consigo a dificuldade para a casa.

Por mais que sua mãe conversasse com ele para tentar descobrir algum esporte, algum jogo ou instrumento que lhe agradasse, o garoto nunca citou nenhum. O fato de ele ser quieto e até ser rotulado de aluno supercomportado, envaidecia seus pais, que nunca se preocuparam em reverter essa situação, alegando que Henrique era uma criança normal e que em casa se comportava muito bem, correndo e gritando pelos cantos. Ocorre que Henrique sabia que essa afirmação não era verdadeira: nunca correu e nem gritou pelos cantos. Por essa razão, começou a alimentar o sentimento de que seus pais tinham vergonha por ele ser assim. Veio afirmar isso mais tarde para os próprios pais.

Aos dez anos, assistindo a um programa de televisão, encantou-se pela patinação e pediu um par de patins de presente aos pais. Ganhou imediatamente, pois nunca pedia brinquedo algum. Passou a treinar diariamente e isso começou a dar um novo colorido nos dias que se seguiram. Ele acordava mais animado, muitas vezes até cantarolando, tomava seu café e descia para a garagem do prédio para patinar. Quando se sentiu seguro sobre as rodas, pediu para começar a ir ao clube, onde havia uma pista de patinação.

Depois que passou a frequentar o clube, Henrique progrediu muito. Tinha uma perfeita noção espacial, deslizando harmoniosamente por todo o espaço da pista. Não demorou muito para que o professor de patinação fizesse o convite pra que ele integrasse ao balé artístico. No princípio, seu pai não concordou, mas com a interferência da mãe, conseguiu a autorização e Henrique passou a fazer parte do Grupo de Dança sobre Rodas.

Pelo seu domínio espacial, sobressaiu-se rápido, saltando sobre as bailarinas que se enfileiravam na pista ao som de Mozart. Sabia exatamente o quanto de velocidade precisava conseguir para saltar e sabia também como se colocar no espaço da pista antes e depois do salto.

Conservava, ainda, seu jeito quieto de ser em classe e continuava a não se envolver com os colegas, porém, em casa já compartilhava suas experiências com seus pais, além de levar muito a sério seus ensaios na patinação.

Além dos saltos, também passou a treinar números de dança em dupla, situação que obteve muito sucesso desde o início, pois ele sabia conduzir bem sua parceira. Aos quinze anos passou a se interessar também por hóquei e seus treinos aumentaram, utilizando agora patins em linha, demonstrando muita destreza e velocidade ao fazer as passadas. Foi convidado a fazer parte do time do clube.

Henrique tem a inteligência **espacial** nata, bem como a **intrapessoal**. A inteligência espacial lhe deu segurança para optar pela patinação. Essa foi a grande "jogada" de Henrique, caso contrário, seria sempre um menino e depois um adolescente totalmente recluso.

Caso sua **inteligência interpessoal** seja motivada poderá ter um relacionamento muito mais descontraído tanto na escola quanto no clube com seus companheiros de patinação e de hóquei. Ter amigos, sair em turma, são passos muito importantes para a formação da personalidade.

Ao ter a inteligência **linguístico-verbal** estimulada, esta ajudará também no desenvolvimento da inteligência interpessoal, facilitando sua convivência e identificação com as outras pessoas, bem como a exposição de suas ideias e vontades.

A inteligência espacial engloba, de certa forma, a **cinestésico-corporal**, principalmente nesse esporte sobre patins. O seu estímulo ajudará muito na sua especialização e na superação das barreiras. A **musical** favorecerá tanto na patinação artística quanto no hóquei, pois auxiliará no ritmo, na cadência e na harmonia dos movimentos, bem como na criatividade.

O desenvolvimento da inteligência **lógico-matemática** será de fundamental importância para o raciocínio lógico, tanto no salto com obstáculos – ocasião em que calculará a distância, a velocidade, o impulso –, quanto na patinação artística, que se vale de todas essas habilidades também.

A inteligência **naturalista** também lhe auxiliará, no caso da patinação artística, aflorando a sua sensibilidade ao contato com os elementos da natureza, como o ar e a brisa acariciando seu rosto conforme os movimentos desempenhados na coreografia, bem como o respeito ao parceiro de apresentação. No hóquei ajudará no respeito aos adversários e aos colegas de time, bem como o no cumprimento das regras, sem exagerar nos movimentos que ocasionam lesões, uma vez que esse esporte é muito rápido e pode ser, também, violento.

Caso 9 – Iara

Iara nasceu saudável, mas numa família mal estruturada emocionalmente. É uma criança que se desenvolveu normalmente, sem apresentar nenhuma característica pessoal que precise de destaque. Iniciou o desenvolvimento da linguagem normalmente, mostrando-se atenta a tudo que ocorria à sua volta. Seu desempenho foi sempre satisfatório e, por vezes, dignos de elogio.

Aos cinco anos já entendia bem que seus pais não tinham um bom relacionamento. Presenciou, muitas vezes, situações que lhe causaram medo, o que fez com se iniciasse, então, um período de recolhimento, o qual inibiu suas manifestações espontâneas e a fez limitar-se limitando-se a brincar sozinha e a falar pouco. Passou a dar asas à sua imaginação, criando uma amizade significativa com seus brinquedos – dando vida àqueles que eram suas únicas companhias.

A mãe de lara, com receio de que sua vida amarga pudesse ser exposta por algum comentário ingênuo feito por sua filha, passou a inibir qualquer possibilidade de manifestação oral, respondendo, no lugar da filha, todas as perguntas a ela dirigidas. O receio de que ela falasse alguma coisa que desagradasse, sua mãe acabou excluindo lara de todos os assuntos. Ela se tornou uma criança tímida, que evitava olhar para as pessoas com medo de que elas lhe dirigissem a palavra.

Ao ser matriculada na escola, apresentou uma adaptação muito difícil. Chorava muito e ficava o tempo inteiro isolada. Aos poucos foi compreendendo que teria que ficar e parou de chorar. Sua timidez foi se tornando cada vez mais presente em razão das constantes brigas dos pais em sua casa.

lara se fechou e não se relacionava com ninguém na escola. Chegava, sentava sozinha na classe, não conversava com nenhum colega, tomava lanche sozinha e os professores nem se davam conta de que ela estava ali. Quando chegava em casa, ia direito para seu quarto. Estudava muito, mas ainda assim tinha bastante dificuldade no aprendizado. Não conseguia fazer nenhuma pergunta, pois só de pensar que teria que se manifestar oralmente, na presença de várias pessoas, seu coração disparava.

Nas comemorações das datas especiais, sentia vontade de participar, de recitar ou de encenar, mas nunca era escolhida em razão da sua timidez excessiva.

Em certa ocasião, quando estava com 9 anos, comentou com sua mãe que a professora nunca a escolhia para nada. Então, a mãe foi até a escola e pediu para que a professora a escolhesse para participar das comemorações do "Dia das Mães", solicitando que a filha não soubesse de seu pedido. Iara foi escolhida para recitar. Na verdade, ela sabia que sua mãe havia feito o pedido, mas agiu como se não soubesse. Decorou a poesia, mas no dia da festa, quando subiu ao palco e viu a plateia lotada, ficou apavorada e sua voz não saía. Recitou a poesia pela metade e saiu mais envergonhada do que nunca. Embora sua mãe a tenha elogiado, ela sabia do seu fracasso.

Essa timidez e esse receio de falar, por vezes até o próprio nome, foram tomando uma proporção maior do que Iara podia carregar. Sua autoestima foi desaparecendo e ela não enxergava qualquer possibilidade de superação.

Já com 14 anos, ao presenciar mais uma discussão dos seus pais, foi questionada a opinar sobre quem estaria agindo certo: o pai ou a mãe. Apavorou-se e não conseguiu falar uma só palavra. Então, os dois, se unindo, começaram a falar que Iara não tinha personalidade, que precisava ser mais dinâmica, não tinha sal, não tinha expressão e muitas outras desqualificações. Iara, muito triste, foi para seu quarto e jurou para si mesma que, daquele dia em diante, iria mudar: Iria ter amigos, não iria mais tomar lanche sozinha. Assim, enumerou todos os itens que deveriam ser mudados.

No dia seguinte, pela manhã, o olhar de Iara estava diferente, havia um brilho a mais. Tomou o seu café da manhã e, ao chegar na escola, tremia muito, pois sabia que teria que arranjar forças pra dar o primeiro passo rumo às mudanças. E assim aconteceu: dia após dia Iara foi conseguindo se aproximar das outras meninas, conversar, mostrando-se presente, e tudo foi ficando mais fácil. Aos 16 anos já tinha amigas na escola e já conseguia fazer compras na padaria e na mercearia sem deixar ninguém lha passar a vez.

Suas notas começaram a mudar e sua facilidade para desenhar começou a aflorar. Foi por meio do desenho que conseguiu se posicionar dentro do grupo. Nos trabalhos que surgiam, a parte do desenho ficava por conta dela.

Iara também gostava muito de música, tinha facilidade em decorar as letras e cantava afinadamente – isso só acontecia quando estava sozinha.

Ao se formar no magistério, resolveu dar mais um passo em direção à mudança que havia programado em sua vida: iria prestar vestibular para Direito, afinal adorava estudar e escrever. Já havia superado algumas dificuldades em relação ao português e pensou que esse era o caminho para sua superação. Iria ter de enfrentar uma nova barreira, pois seus pais não aprovavam a ideia de ela fazer uma faculdade, uma vez que ela já tinha o diploma de professora.

Ainda assim Iara prestou o vestibular e passou. Antes de contar para seus pais, precisava arranjar um emprego, pois se eles não aprovassem, teria de pagar a faculdade sozinha. Foi o que fez: tão logo estava empregada, contou aos seus pais, que nada puderam fazer, afinal, ela estava com dezoito anos, tinha um emprego e podia pagar sua faculdade.

Com o emprego e cursando a faculdade, Iara havia vencido boa parte das suas limitações. Tinha amizades e se sentia feliz consigo mesma em razão das conquistas que havia feito (suas inteligências **intra e interpessoal** haviam sido autoestimuladas). Na faculdade, não ficava mais recolhida em um canto do pátio como acontecia no ensino fundamental e médio, muito pelo contrário, fazia questão de circular, estimulando sua inteligência **corporal-cinestésica** e espacial.

Depois de formada, passou a advogar na área trabalhista, pois se sentia menos inibida para atuar nas audiências. Aqui começou outra batalha para desenvolver a inteligência **linguística ou verbal**. A primeira audiência que realizar conseguiu falar o mínimo indispensável e quase enfartou. Seu coração parecia que ia saltar pela boca.

Iara se casou, teve filhos e continuou sua luta na superação de suas limitações. Mais tarde, começou a aprender a tocar teclado e, sem saber, estava também estimulando o desenvolvimento da sua inteligência **musical**. Notou uma grande melhora na sua noção espacial, na lateralidade e principalmente no raciocínio lógico.

Esse relato serve de respaldo para comprovar que não importa a idade que a pessoa tenha, sempre é tempo de estimular suas inteligências. Mostra também que a resposta desses estímulos é muito rápida. No caso de Iara, o estímulo partiu dela própria e, por isso, pode ter sido mais penoso, em razão de ela ter que superar possíveis traumas e encontrar o melhor caminho a seguir.

Talvez tivesse sido mais fácil se ela, porventura, tivesse se apropriado da importância do desenvolvimento de cada uma das inteligências múltiplas. Mas, ainda assim, ela se saiu bem.

Finalizando esse estudo e esses relatos, faço votos de que a instituição Escola, a família e o próprio indivíduo se detenham na importância dos estímulos de cada uma das suas inteligências múltiplas e passem a desenvolvê-las, propiciando, dessa forma, uma melhor qualidade de vida profissional e particular. Faço votos também de que todos possam ter um ótimo desempenho linguístico-corporal-cinestésico-espacial-naturalista-lógico-matemático-musical-intra e interpessoal. Assim sendo, mãos à obra e bom trabalho!

sobre a autora

Cybele Meyer é educadora por opção e afirma isso toda vez que se apresenta. Após a primeira graduação, em Direito, pela Universidade Católica de Santos (Unisantos), exerceu a advocacia por quase dez anos. Quando seus três filhos estavam em idade escolar, a paixão pela educação aflorou, deixando a profissão para trilhar esse novo caminho. É artista plástica, tendo realizado inúmeras exposições de óleo sobre tela e aquarelas. É pós-graduada em Psicopedagogia Clínica e Institucional pelo Centro Universitário Uninter e também em Docência e Tutoria em EaD pelo Instituto EaDVirtual.

Iniciou sua carreira profissional como educadora na educação infantil e, ao longo dos anos, percorreu todos os níveis, passando pelo fundamental I e II, ensino médio, graduação, e é, há dois anos, docente na pós-graduação de Gestão do Trabalho Pedagógico pelo Centro Universitário Uninter.

Estudiosa fervorosa da educação e do comportamento humano, a autora tem artigos em inúmeros *sites* educacionais. É editora do

Blog Educa Já!, que dá suporte educacional para professores de todo o Brasil e países de língua portuguesa. É parceira do Movimento Todos pela Educação e SaferNet: por uma internet segura. Atua em Programas de Formação de Professores pelo Instituto Paramitas e Microsoft Educação. É editora do *site* Mãe com Filhos da Kraft Foods (bolachas Trakinas), no qual trata do tema educação e da importância da parceria entre família, aluno e escola. É solidária nas ações do terceiro setor, além de desenvolver diferentes atividades tanto virtual quanto presencialmente.

2008 - Prêmio "Com a palavra os professores do Brasil" promovido pela Litteris Editora.

2007 - Moção de Congratulações pela Câmara Municipal de Indaiatuba em razão da IV Jornada de Educação de Verão, com o tema "Ano novo – Turma nova".

2006 - Classificada em 3º lugar no XX concurso Internacional de Inverno de 2006 com a poesia "Independência ou Morte!".

2006 - Autora convidada para participar da Antologia do concurso de poesia prêmio Padre João Batista Zecchin com a Poesia "Meio século de mulher".

2005 - Prêmio Associação de Escritores de Bragança Paulista Menção Honrosa no X Concurso de Prosa – Prêmio Historiador Francisco César Palma de Araújo em Bragança Paulista (SP), com o conto "Medo de Fantasma, eu?".

2005 - Livro *Dicas para lecionar*. Uma coletânea de textos sobre educação. Esta obra consta de todas as disciplinas do currículo do ensino fundamental e médio de Uberaba.

Os papéis utilizados neste livro, certificados por instituições ambientais competentes, são recicláveis, provenientes de fontes renováveis e, portanto, um meio responsável e natural de informação e conhecimento.

FSC
www.fsc.org
MISTO
Papel produzido a partir de fontes responsáveis
FSC® C104735

Impressão: Gráfica Capital
Dezembro/2016